现代大众健身发展分析与科学开展研究

杨继星◎著

中国纺织出版社

内 容 提 要

本书采用理论结合实践的方式，对大众健身运动发展及科学开展进行了分析与研究。理论方面对大众健身的基本知识、学科基础理论，大众健身的发展现状及策略，以及大众健身得以开展的科学保障体系进行了分析。实践方面，对常见现代流行体育运动（休闲球类运动、户外极限运动及其他流行体育运动）、社区体育健身、民族传统体育健身、修身塑形类健身（健身操、体育舞蹈、瑜伽、广场舞）等相关活动的开展及科学指导进行研究。本书内容丰富、结构合理、层次清晰，语言简练，通俗易懂，是一本值得学习研究的著作。

图书在版编目（CIP）数据

现代大众健身发展分析与科学开展研究 / 杨继星著. -- 北京：中国纺织出版社，2016.12（2022.1重印）

ISBN 978-7-5180-3244-0

Ⅰ. ①现… Ⅱ. ①杨… Ⅲ. ①群众体育－健身运动－研究－中国 Ⅳ. ①G812.4

中国版本图书馆 CIP 数据核字（2017）第 005131 号

责任编辑：汤浩　　　　责任印制：储志伟

中国纺织出版社出版发行

地址：北京市朝阳区百子湾东里 A407 号楼　邮政编码：100124

销售电话：010－67004422　传真：010－87155801

http://www.c-textilep.com

E-mail:faxing@e-textilep.com

中国纺织出版社天猫旗舰店

官方微博 http://www.weibo.com/2119887771

北京虎彩文化传播有限公司　各地新华书店经销

2017 年 3 月第 1 版　2022 年 1 月第10次印刷

开本：710×1000　1/16　印张：16.75

字数：217 千字　定价：62.00 元

前　言

随着现代社会的快速发展，人们对自身的健康越来越关注和重视，只有拥有健康的人才能在未来的竞争中获得先机。而大众健身便是实现人类健康，促进人类进步的重要手段之一。它不仅为人们的生活带来了全新的体验，使人们实现了身心健康、和谐发展的目标；同时，大众健身作为一种社会文明，已影响到社会政治、经济、文化生活的方方面面，并促进了人们生活方式的转变，引导人们向着健康的目标前进。

当今时代正朝着信息化、全球化的方向发展，物质文明的高度发展在带给人们丰富物质享受的同时，也带来了诸如“人口老龄化”“现代文明病”“国民体质降低”等一系列社会问题，这无疑会影响我国社会经济的发展。所以，在现代社会的发展趋势下，人们渴望健康，社会需要健康。此外，随着科技的进步，我国即将步入“休闲时代”，这将会为人们提供更多的闲暇时间去关注健康，享受生活。而通过体育运动进行健身锻炼是人们促进身体健康、娱乐身心、陶冶情操、提高生活质量的一种基本手段，因此运动健身成为现代人的一种健康生活的方式。由此可见，全民健身和体育生活化是现代社会发展进步的必然趋势，同时也是人们精神文化发展的必然需求。基于此，特撰写《现代大众健身发展分析与科学开展研究》一书，以更好地促进现代大众健身的发展，为人们参与大众健身活动提供科学的理论与实践指导。

本书共八章，分理论与实践两部分。第一章至第四章为理论部分。第一章大众健身的基本理论知识，内容包括大众健身的概念与特征、分类与功能、规律与原则。第二章大众健身发展的学科理论基础，主要从运动生理学、运动心理学和运动学三个方面来对大众健身的学科基础理论展开论述。第三章现代大众健身现状与发展策略探讨，论述了现代大众健身运动的发展现状、全民健身与群众体育的开展现状、制约现代大众健身运动发展的因素以及现代大众健身运动的发展趋势与对策。第四章大众健身科学发展的保障体系研究，内容包括大众健身的科学理论与方法指导、医务监督以及健身效果的科学测评。第五章至第八章为实践部分，分别对常见现代流行体育运动（休闲球类运动、户外极限运动及其他流行体育运动）、社区体育健身、民族传统体育健身、修身塑形类健身（健身操、体育舞蹈、瑜伽、广场舞）等相关活动的开展及科学指导进行研究。

本书内容丰富、结构合理、层次清晰，从理论与实践两个方面对大众健身运动的发展进行了详细地分析与研究。同时，本书语言简练，通俗易懂，是一本较为适合各年龄段健身人群学习、使用的通用书籍。

本书在撰写的过程中参考借鉴了许多相关资料，在此向有关作者表示最诚挚的谢意！对于书中的疏漏与不妥之处，恳请广大读者给予批评和指正。

作　者
2016 年 8 月

目　　录

第一章　大众健身的基本理论知识

大众健身可以说是全民健身运动，它具有简单易行、实用性强的特点，能有效增强人们的体质水平，陶冶人们的情操，丰富人们的精神文化生活，除此之外还能增近人们彼此之间的感情，有利于社会稳定与团结。由此可见，大众健身具有重要的健身价值和社会意义。本章重点阐述大众健身的基本理论知识，主要内容包括大众健身的概念与特征、大众健身的分类与功能、大众健身的规律与原则。

第一节　大众健身的概念与特征

一、大众健身的概念

大众健身是指人们在可自由支配时间里自愿参与、自主选择，以身体参与为主要手段，以缓解压力、恢复体力、娱乐身心、调节情绪、强身健体为主要目的的一种健康向上的身体活动方式。大众健身的意义非常广泛，可以说一切围绕身体健康的活动都可以属于健身的范畴。例如，人们在生病之后，通过医疗或者其他手段来恢复身体机能，通过调节饮食来改善身体健康的状况，通过体育锻炼来提高身体健康水平，通过娱乐手段来恢复体质水平等都属于健身的范畴。而发展到现在，狭义的健身则是指那些具有系统性、固定性和安全有效性的身体练习手段，如有氧健美操、游泳、跑步、太极拳、自行车等运动，都属于良好的健身项目。

健身是随着社会的发展而兴起与发展的一种产物，可以说是人类社会与经济发展的必然。社会生产力的极大发展，提高了人们的物质生活水平，给人们带来了更多的余暇时间，为人们的余暇生活在一定范围内超越大自然的周期和节奏提供了可靠的技术手段。随着知识经济和信息社会时代的来临，我们已经走进一个以知识创造和信息化为基础的经济社会，人们的生产生活将发生一系列重大的变化。根据马斯洛的需要层次理论，当人的低层次需求得到满足后，必然会追求更高层次的需求。因此，当人们解决了吃、住、穿等基本的生存问题后，开始向着更高层次的精神消费需求发展。而体育健身作为一种高层次的能满足人们精神需求的活动，日益成为社会的流行时尚。

大众体育健身具有多方面的功能，它能培养人们勇敢顽强的性格、超越自我的品质、迎接挑战的意志、承担风险的能力和竞争意识、协作精神和公平观念，树立民族自信心和自豪感，弘扬爱国主义、集体主义精神，倡导自由、平等的精神，加强公民道德建设，这也正是体育的巨大魅力所在。因此，在新的时代背景下，充分发挥大众体育健身在整个社会发展中的独特作用，必能促使人们形成强大的向心力和凝聚力，使人们以积极的心态和高昂的斗志，投入到社会主义现代化建设之中。

二、大众健身的特征

大众健身运动是一种在社会上开展广泛，深受人们喜爱和积极参与的健身活动，它是一种社会发展到一定程度才会体现的体育现象或者说是社会现象。大众健身充分体现出一定的社会价值和文化功能，也充分体现出大众思想观念和综合素质的普遍提高。在现代社会不断发展的背景下，大众健身运动之所以深受人们的欢迎和青睐，这与其自身鲜明的特点是分不开的，总体而言，大众健身的基本特征主要有以下几个方面。

（一）娱乐趣味性

发展到现在，可供人们参与的健身运动项目有很多，其中绝大多数健身项目都有一定的娱乐趣味性，大众健身运动之所以具有丰富的娱乐趣味性，是因为体育运动本身就是一种娱乐活动，充满强烈的趣味性。除此之外，体育运动往往不是一个人的事情，尤其是大众参与的健身运动具有更浓厚的趣味性，大众共同参与会创造热闹的运动场面和激烈的比赛氛围，人们置身其中能感受到无限的乐趣，也会深深领略到运动所具有的美感，这些特点都无疑开阔了人们的视野，陶冶了人们的情操，提高了人们的审美水平。因此，大众健身运动实际上是一种面向所有人的、功能齐全、富有情趣和魅力的休闲手段，能够给人们带来发自内心的快乐，可以满足人们强身健体、休闲娱乐的需要，对于处于现代社会的人们而言，大众健身运动无疑是一种莫大的精神享受。

（二）丰富的健身特性

大众健身运动本身具有鲜明的健身特性，这从字面上就能体现出来。发展到现在，人们已形成了良好的健康观念和健身意识，在业余时间进行体育健身消费成为一种流行时尚。为了提高人们健身的水平，营造一个良好的健身氛围，我国政府颁布了《全民健身计划纲要》（以下简称《纲要》），自《纲要》颁布与实施以来，突出地加强了群众体育的宣传工作，形成了良好的体育健身氛围的舆论向导，增强了全民的健康观念和健身意识。发展到现在，广大的人民群众逐渐意识到，身体素质是思想道德素质和科学文化素质的物质基础，全民健身运动是社会主义精神文明和物质文明建设的重要内容。在新的时代背景下，大众健身运动的健身特性越发明显。大众健身运动的健身价值主要以社会大众群体为对象，以调节身心健康、缓解病情、改善身体机能为主要目的，主要采用一些中等负荷的有氧练习手段和方法，深受人们的欢迎和喜爱。例如，在社会上非常流行的慢跑运动，看似简单，可实际上却蕴含着丰富的健身原理。慢跑的健身作用与步行基本一致，但肌肉骨骼所受到的运动负荷的刺激强度更大，因为慢跑相当于速度很快的步行，而且有双脚腾空的时间，落地冲击力大于步行。所以慢跑的健身效果更加明显。在慢跑过程中，由于躯干和四肢在三维空间内快速有节奏地运动，使运动相关部位的肌肉力量得到较大幅度的增强。同时，韧带的伸展性、关节活动的范围也都得以改善。持之以恒的跑步锻炼，可以更明显地增强人体各个系统的功能。又如球类运动，大多数年轻人喜欢运动强度比较大的各种球类运动，球类运动也是在青年群体中开展最为广泛的运动项目。一般情况下，各种球类运动项目都要求运动者必须具有反应灵敏、身手矫健的能力。因为球的运行速度快，场上变化多端，所以参加者必须要在极短的时间内准确做出判断和反应。因此，经常参加球类运动，能有效地提高人们的神经系统功能，并且能够有效提高人们的反应能力。除此之外，团体球类项目还具有效培养人们团结合作的精神以及坚定果断的品质，对人的综合素质的提高具有重要的帮助。

（三）深厚的文化特性

体育本身是一种多功能、多元素的社会文化。体育文化源远流长，其内容博大精深。在历史发展的过程中，体育文化是随着体育运动的发展而不断演变与更新、发展的。在新的时代背景下，体育文化体现出人的一种社会需求，因此大众健身运动便迅速进入人们的生活当中，成为健身教育的重要内容。在现代“文明病”日益肆虐的形势下，健身运动日益为现代人生活所必需，对改善民俗、提高人们的综合素质具有非常重要的意义与作用。坚持长期参加健身运动能有效提高人们的生活质量，还能有效培养人们团结合作、吃苦耐劳、坚强勇敢的品质和精神。一般来说，大众健身运动中的大多数项目都具有丰富的文化内涵，参加这些项目的运动锻炼能给人带来一种强烈的文化享受。

（四）独特的教育特性

教育可以说是体育最本质的功能之一。从体育萌芽到发展至今，体育一直是作为教育手段而流传于世的。随着我国体育改革的不断深入，大众体育健身的理念也在不断地更新与发展。体育运动也被时代赋予了深刻的教育意义。总体而言，大众健身的教育内容旨在增进人们的身体健康、提高人们健身锻炼的水平，提高人们的心理品质和丰富人们的精神文化生活。

发展到现在，几乎所有国家的教育部门都十分强调德、智、体的全面发展教育。尽管在教学内容、教学模式、教学方法等方面存在着一定的差异，但体育总是其中重要的组成部分。体育教育在传授生活技能、教导社会规范、提高社会适应能力等方面都发挥了巨大的作用。随着现代社会的不断发展，学校体育、竞技体育和大众体育均显示出了重要的教育功能。现代体育教育已不仅仅是增强人的体质，提高技能水平，而重点是培养人们健身的习惯和意识，养成终身体育的观念和意识，从而适应现代社会不断发展的需要。

（五）一定的竞技特性

竞技性是体育运动重要的特性，也是深深吸引人们参与与观赏的重要原因所在。在日常生活中，人们热衷于观赏各种体育赛事，如世界杯足球赛、NBA 篮球联赛、奥林匹克运动会等赛事，这些赛事都属于竞技体育的范畴。可以说，竞技体育是场面最为宏大壮观、气氛最为热烈、欣赏性最强、收视率最高的体育运动。同样，大众健身运动也都具有一定的竞技性，都有比较完善的游戏和比赛规则。比赛是体育的一大特色，争强好胜是人的一种本能。任何活动，只要一开展比赛，马上就活跃起来，就会充满生气。健身运动之所以很快地就会流行起来，竞技性起了很大的作用。而且，大众健身运动的竞技性还有一个特点，那就是对绝大多数爱好者而言要求不太高，竞技只是一种游戏的手段和玩法，而不是目的，其真正目的是在比赛中体会到乐趣。只有那些比较在意竞技结果的人，才会像竞技运动员那样做苦行僧，平时就流大汗，吃大苦，耐大劳，投入相当多的时间和精力，争取骄人的成绩。这就是说，大众健身运动竞技的自由度比较大，人们可以根据自己的需要和兴趣来自由掌握竞技和训练的度。而且，大众健身中的竞技性运动还可以进一步改善人的形体、提高专项身体素质和运动技能，以期达到最佳的竞技状态，更好地投入到大众健身运动中来。竞技体育，能够超越语言和其他社会因素的障碍，依靠大众的传播媒介，而不需要借助其他形式和附加条件可直接为人们所接受。艺术是审美意识物化了的集中表现，它能强烈地引起人们的美感。竞技体育有各种有效规则来阻止不公平，是一种艺术的创造，给人一种既激烈、精彩又和谐、优美的感觉。由于大众健身运动也具有一定的竞技特性，因此深受热爱竞技体育和健身运动的人们的欢迎和青睐，这极大地推动了健身运动的传播与推广。

（六）社会流行时尚特性

随着全民健身运动的不断发展，大众健身日益广泛和流行，成为人们喜闻乐见的体育活动。这里所说的流行性不仅仅是指那些较为新颖和前卫的运动健身项目，有些项目如高尔夫球、网球、钓鱼、风筝、桥牌、国际象棋等历史都比较久远，尤其是像其中的钓鱼、放风筝这样的运动还可以算作是传统的、民俗的体育，但是经过长时间的考验，这些项目至今仍长盛不衰、深受人们的欢迎和喜爱，所以也充分体现出浓厚的流行色彩。大众健身运动，其特点是必须要面向大众，迎合大众的口味。所谓的流行，也就是能够在人民群众中广泛传播。有的项目如健美、体育舞蹈、轮滑和冲浪等正在向着竞技体育的方向发展，成为正式比赛项目。有的项目如网球、沙滩排球则已经发展成为奥运会的正式比赛项目。这种模糊性和交叉性，使得大众健身运动左右逢源，更利于它自身的发展。随着时代的不断发展，大众健身运动不断推陈出新，展示出强大的生命力。

（七）市场经济下的商业特性

随着我国市场经济的不断发展，体育健身开始逐渐向着商业化方向发展，从而形成了一个独立的产业，这是时代发展和体育运动发展的要求。发展到现在，体育产业已成为促进国民经济发展的重要的第三产业之一。一般而言，大多数大众健身运动对器材和场地有一定的要求，需要提供专业性服务。而大众健身运动的主体面向广大群众，市场潜力巨大，商家有利可图，因而各种大众健身运动场馆如雨后春笋般地涌现。这不仅为运动项目的宣传与推广创造了良好的客观条件，同时也为发展体育产业，增加就业人口做出了一定的贡献。体育市场竞争促进了国民经济增长，促进了消费增长，促进了产业结构的调整，有力地吸收了社会资本，为全民健身运动创造了良好条件。体育产业在全球范围内持续高速增长，其发展速度明显高于产业增长的平均速度。现在正是我国体育产业发展的重要战略机遇期，现代社会的快速发展为我国体育产业的发展营造了良好的外部环境；人民生活水平的不断提高和消费结构的升级，则为我国体育产业的发展提供了强大的动力。而大众健身运动所表现出来的商业特性则为体育产业的发展提供了重要的助力。

（八）体育运动项目的欣赏特性

体育运动不仅具有强烈的对抗性，而且具有极强的观赏性，以及很强的美感，这一美感是蕴藏在体育运动之中的。体育所呈现出的是一种动态美，也就是在运动过程中才能体现出来的美感。在体育美学中，包含着大量与美有关的问题。当人们通过体育活动去塑造自己的形象时，就会按照“美的规律”来创造自己，并表现出对美的渴望和追求。因而，体育实际上也是一种人们追求美的活动。在现实生活中，体育世界也是一个充满美的世界，运动员在运动过程中竞相争美，美的事物层出不穷，美的现象也是变化万千。所有这些都是通过人们的运动形象来表现的,这些表现能使人感受到体育美的奥妙,感悟到体育美的真谛。

体育美感起源于人类社会的体育活动,在体育运动不断发展的过程中,这种美感也始终发生着新的变化。体育的美感是具体可感的形象,比如在体育运动比赛时那种使人精神振奋、情绪高涨、令人陶醉的喜悦心情,正是体育运动的艺术魅力所在。具体而言,体育的欣赏性包括它的形式、动作、场面所体现出来的美感,同时还包括力量、健康方面的美感。体育美之所以具有强烈的欣赏特性,会引起人们的身心愉悦,一方面是由于它具有宜人的形式,如体态均匀和谐,动作干净利索等;另一方面,体育美还充分反映出人的"自由创造"的特性,即表现、征服、超越的能力。

第二节　大众健身的分类与功能

一、大众健身的分类

在大众健身运动发展的过程中,依据健身者年龄、性别、身体状况等条件的不同,出现了各种各样的健身运动项目。社会上各种人群都可以根据自己的喜好和身体特点来选择适合自身的运动方式,参与到大众健身中来。一般来说,按照身体的不同需求分类,可以将大众健身运动分为以下几类。

(一)健身性运动

健身性运动是指为了健康身心而进行的各种体育运动,一般通过各种有氧运动来达到锻炼身体的目的。有氧运动能起到有效提高心肺功能的作用,其作用具体体现在以下几点。

(1)提高肌肉的用氧能力和质量,增强肌肉的力量。

(2)促进人体循环系统、呼吸系统功能和脂代谢水平的提高。

(3)降低应激水平和体脂，减少心脏病发生的危险性。

(4)有效地消除身体疲劳。

(5)有效稳定情绪，建立自信心。

可以说，凡是能进行有氧代谢的运动都属于健身性运动的内容，如步行、慢跑、太极拳、太极剑、软气功、自行车、网球、排球、远足、健身操等。其特点是动作轻缓、形式灵活，运动强度不大，对于促进机体的恢复具有良好的效果。

(二)休闲性运动

休闲性运动是人们为了满足休闲的需要而进行的一系列消除疲劳、促进身心健康而进行的运动。例如，轮滑、散步、打球、垂钓、旅游、棋牌等都属于休闲性的体育运动。休闲性体育运动具有极强的趣味性和娱乐性，在运动的过程中，人们能够感到轻松愉快，能获得良好的积极性休息，有利于身体健康。

(三)塑身性运动

塑身性运动是指为了塑造身体良好的形态、塑造完美的气质而进行的一系列运动。一般来说，人体美包含多种要素，主要表现为均衡、对称、对比、曲线等，它是塑造一个人的形体、姿态与气质的综合美。发展到现在，塑身性的运动项目也有很多，如形体训练、健美操、跆拳道、瑜伽、体育舞蹈等都属于良好的塑身性运动。人们坚持长期锻炼可以发展肌肉，塑造完美的形体，除此之外，通过参加塑身性运动还能培养人们良好的审美能力和提高自我表现能力。

(四)竞技性运动

大众健身也离不开一定的竞技性，这是与体育运动本身的特性所分不开的。出于各种需要，人们在参加各种健身活动时，也进行各种各样的比赛活动。通过比赛活动，不仅能有效提高机体的竞技能力，还能促进身体的健康发展。

（五）极限性运动

极限性运动是指人们为了娱乐、挑战自我、培养顽强的意志力而进行的一种锻炼身心的运动。它主要包括攀岩、登山、滑翔伞、冲浪、卡丁车、骑马、乘热气球、蹦极等运动项目。参加这类项目的主要目的是满足探险心理和创造奇迹，从中获得满足感和自豪感。

发展到现在，可供大众参加的健身运动项目越来越多，这极大地满足了人们的健身需求。因此，如何科学地选择适合自身的运动项目就显得尤为重要。人们在选择健身项目时，首先要从全面发展身体的需要出发，不能过多地满足个人兴趣，因为项目不同，锻炼效果也不同。锻炼者应选择最适宜的运动锻炼项目以达到健身健美的目的，同时也应从个人的身体状况和兴趣爱好出发。因此，在一段时间内，选择从事两三种不同的活动比从事单一活动好；选择参加全身性活动比局部活动要好；例如用中等或中上强度（指速度）进行长距离跑练习，能有效增强机体的耐力，提高心肺功能。当然也可选择一些富有趣味性的球类运动项目，这样既愉悦了身心又锻炼了身体。总之，要记住，在选择健身项目时，不要贪多，要力求简单易行，符合自身身心发展的需求。

二、大众健身的功能

（一）大众健身的健身健心功能

一个人只拥有身体健康并不是真正的健康，现代健康观认为，一个人在躯体健康、心理健康、社会适应良好和道德健康四方面都健全，才是完全健康的人。而大量的事实证明，经常参加健身锻炼，不仅能促进人的生理与心理健康，同时还能有效提高人的社会适应力。具体而言，大众健身运动主要有以下几个功能。

1. 增进人体健康美

“健康美”是指机体最有效发挥其功能的状态。一个具有“健康美”的人除了自我感觉良好、可轻松应付日常工作与生活外，还有正确处理突发状况的应激状态。

一般而言，一个具有“健康美”的人应该具有良好的心肺耐力、肌肉力量、平衡性、灵敏性和柔韧性。心肺耐力的发展使心脏与循环系统有效运作，将机体所需的营养物质、氧气及生物活性物质运送到肌肉和各组织器官，并把代谢产物运走，在有机体的生命活动中发挥着非常重要的作用。肌肉力量的发展不仅塑造强健的体魄，亦具备强大的活动能力。身体柔韧性和灵敏性的发展可增大肌肉与关节的活动能力，使人的动作灵活自然。

2.缓解精神压力，调节身心

随着现代社会的不断发展以及竞争的越发激烈，人们面临着巨大的精神压力。大量的研究与实践证明，长期的精神压力不仅会引起各种心理疾患，而且许多躯体疾病也与精神压力有关，如高血压、心脏病、癌症等。体育运动可缓解精神压力，预防各种疾病的产生是科学研究已证实的事实。经常参加健身运动的人可以排除烦恼，缓解精神压力，尽情享受健身运动给自己所带来的欢乐。

此外，健身锻炼也能加强人们之间的沟通与交流，提高人们社会交往的能力。发展到现在，去健身房或健身俱乐部进行健身锻炼已成为一种时尚潮流，健身者都是在健身教练的指导下进行集体练习，而参与健美操锻炼的人来自社会的各阶层。因此，这种形式扩大了人们的社会交往面，满足了人们的心理需要。

3.提高人们适应外界环境的能力

外界环境是指自然环境和社会环境两个方面。自然环境包括地理环境和气候环境；社会环境包括城市环境的影响，以及社会的其他因素对人的有机体的刺激等。所谓适应能力，是指人受外界环境的影响，在中枢神经系统支配下，不断调节有机体使之处于正常的稳定的机能活动状态。健身者坚持长期参加健身运动，身体的各个组织系统在中枢神经支配下，承受外界刺激和协调各组织系统的能力得到增强。例如体温调节的机能能力，有无身体锻炼基础的人就很不一样，在寒冷的气候下，无锻炼者容易感冒。进行体育锻炼时往往是在各种外界环境和条件下进行的，因而有机体得到了锻炼，适应能力得到了提高。

4. 医疗保健功能

人们参加健身运动不仅能有效增强体质，同时还具有医疗保健的功能，如健美操作为一项有氧运动，运动负荷可大可小，容易控制，对一些病人、残疾人和老年人具有良好的医疗保健的效果。例如，对下肢瘫痪的病人来说，可做地上健美操和水中健美操，促进下肢功能的恢复。只要控制好运动负荷，就能达到医疗保健的目的。

（二）大众健身的社会功能

具体来说，大众健身运动的社会功能主要表现在以下几个方面。

1. 促进人与社会之间的全面发展

马克思主义唯物论告诉我们，人是生产力中最积极、最活跃的因素，而人的素质则是社会生产力的重要组成部分。在人的素质中，健康素质又是思想道德素质和科学文化素质的物质载体，因此，人的健康素质是经济建设和社会发展的物质基础。中华民族要屹立于世界民族之林，就必须提高包括健康素质在内的国民整体素质。没有国民素质的提高，现代化建设只能是无源之水，无本之木。在人的全面发展中，体育是功不可没的，体育是促进人的全面发展的重要途径。因此，广泛开展大众健身运动是社会主义发展的要求，也是人们增强体质的需求。

当今世界竞争越来越激烈，社会各个层面都存在着激烈的竞争，而竞争归根结底是人才的竞争，也可以说是人才素质的较量。

重视全面提高人的素质已成为当今世界体育改革的主张，也是当今世界大众体育发展的一个重要趋势。现代化人的素质，从根本上来说，就是通过自我改造和自我完善来达到自身综合素质的提高。

2.为全民健身构建新平台

随着人们生活水平的不断提高，人们对体育健身的要求也越来越高。在现代社会背景下，人们的思想观念在发生着急剧的变化，各种新思想、新事物层出不穷。目前全面小康社会对人们提出了更高的要求，它对社会人的健康要求是体质、体能和心理、精神的全面健康。而大众体育从形式到内容都超越了保健体育的被动局面，最大限度地发挥了人的主观能动性和自我塑造能力，让人们通过健身体育的锻炼达到自身的最佳健康状态。而这种最佳健康状态不只是身体体质和体能的“最佳”，也包括了心理和精神的“最佳”。这种全面健康、全面发展的人群正是全面小康社会最需要的人力资源。人们对大众体育运动的科学总结，可以让群众的创造上升到理论的高度，从而可以在社会实践中发挥更大的作用。大众健身运动最大的意义就是为新时期全民健身计划的贯彻与执行构建一个崭新的平台。

3.对社会道德的规范作用

经常参加体育运动锻炼，不仅能增强人的体质，而且还能培养人的意志，陶冶人的情操。某种意义上而言，体育运动还起着规范人的行为，培养人的道德思想的作用。体育道德是人们据以调节体育生活及其行为的准则和规范。体育道德自律于人的内心，它更多的是通过个人的道德判断和自我调节来影响人的体育行为。

在现代社会背景下，体育已不再单单是一种体能活动了，其精神文化方面的作用也越来越突出。国际奥委会第四任主席埃德斯特隆说：“奥林匹克运动存在的真正原因在于它不仅在身体上改善人类，而且使他们的思想更加高尚，加强了人们之间的理解与友谊。"体育活动的各种规则都是参与者所必须遵守的，人们在遵守体育行为准则的过程中，也会自觉地养成良好的行为习惯。这对于提高人的道德素质具有非常重要的意义和作用。

4.引导正确的大众价值观，整合社会情感

价值观主要是指人们对经济活动的价值判断或价值取向。这主要包括对价值的实质、构成、标准的认识，这些认识的不同，形成了人们不同的价值观。每个人都是在一定的价值观念的引导下，形成不同的价值取向，追求着各自认为最有价值的东西。从体育活动所包含的内容和要求来说，它不分性别、肤色、种族和信仰，更不分贵贱和贫富，人人都可以参与，人人都可以拥有。它构建了一个平等得使每个人都乐于接受、通俗得使每个人都乐于参与的模式，在这种平等的意识里，人的尊严、人的权利才真正得以展现。正是由于体育活动中处处体现着人与人的平等，所以人们在参与中处处领悟到社会的均等并感受到体育锻炼的自由性。体育活动的平等参与、平等拥有，必将影响着人们以平等的观念去处理自己要处理的一切，形成人与人平等的观念和行为。

5.促进国民经济的发展

在社会生产力不断发展的过程中，人是生产力中决定性的因素。而在人的诸多素质中，身体素质至关重要，因此，世界各国都非常重视增强人们的身体素质，提高基本活动能力，减少发病率，从而大大提高劳动能力。这充分表明，大众体育的经济功能最初是由体育本身的发展，并间接通过提高国民身体素质，再转化为劳动生产力的。

另外，大众体育主要包括体育健身市场、体育技术培训市场、体育无形资产经营市场、体育用品市场、体育广告市场、体育彩票市场和体育旅游市场等多个领域的新型产业。大众体育产业还可以向社会提供更多的就业机会，有利于国家产业结构的调整，刺激和拉动需求从而促进国民经济的增长与发展。

6.培养民主意识,深化民主观念

可以说,民主象征着整个社会的进步,是社会公德和法律要求的具体体现。具体而言,民主是指人们对事情具有参与或自由发表意见的权利。不适应社会需要的民主意识和民主行为,将受到社会公德和法律的约束和限制。

在体育活动中,也体现出民主的精神,如体育比赛中的规则和其他竞赛文件,使参与者形成了一种“契约关系”,即力争在比赛中最大限度地发挥自己的能力战胜对手,同时又要承担义务,允许对手在平等的条件下与自己竞争。此外,体育比赛的结果尽管在赛前具有不确定性,但任何人又不能以任何越轨的手段改变事实。这种极大的公开性和透明度,是体育活动目标民主化的保证。同时,体育活动民主化的产生又影响着人们的民主行为的形成,是教育和引导人们成为民主法制成员的有效方式。体育体现着民主观念,那么,自然会对参与者灌输一种民主的思想,使其养成民主的行为。

综上所述,大众健身具有着深刻而广泛的社会意义,其意义通过文化的渗透而影响到社会生活的方方面面。除此之外,大众健身还充分体现出人与社会和谐发展的这一理念,人们通过健身不仅能有效提高自身的身体素质,还能增强团体的凝聚力,对推动社会主义和谐社会的建设具有重要的作用和意义。

第三节　大众健身的规律与原则

一、大众健身的规律

(一)健身饮食中的纪律性

在参加大众健身运动的过程中,健身者一定要注意自己的饮食。在饮食时,要注意饮食的合理搭配,这样才有利于健身运动的顺利进行,进而取得理想的健身效果。一般情况下,刚结束健身运动时是“忌食期”,最忌讳进食。因为运动完毕后半小时是身体吸收力最好的时候,如果在这个时候吃东西,就会吃什么都胖,刚刚消耗掉的热量一下子就补回来了。因此,参加健身运动一定要注意饮食的规律性,切忌随意饮食。

(二)健身过程中的专心致志性

专心对于参加健身运动来说非常重要,实际上在大众日常健身中,有相当一部分健身者在健身的过程中,没有把心绪集中在所要锻炼的肌肉,或是该做的动作上。比如要练胸肌,结果分心练到三头肌,这样就会影响健身目标和效果的取得。因此,在参加健身运动的过程中,保持专心才能做对动作,才不会因为姿势不对对机体造成运动伤害,才能有利于健身效果的取得。

(三)健身要保持恒心

健身者参加运动健身贵在持之以恒,要有一颗坚持健身的恒心,可以说,只要不偷懒,一定能取得理想的健身效果。在健身的过程中不要偷懒,不要“三天打鱼两天晒网”,要根据制定的健身目标按部就班地进行健身。

二、大众健身的原则

(一)主动性原则

人们参加体育运动健身首先要有一定的目的,如此才能保证健身的积极性和主动性,坚持长期的运动锻炼。而主动性对于他们是否能长期坚持球类运动健身极其重要。因此,要提高人们参与健身运动锻炼的积极性,应注意以下几个方面的要求。

1.培养兴趣、形成习惯

人们参加健身锻炼的主动性，除了受健身者自身的意志和努力影响外，同时也受到健身内容的影响。一般来说，人的兴趣主要分为直接兴趣和间接兴趣两种。直接兴趣是指健身者对现实中的具体活动内容（如足球、篮球）等感兴趣，而间接兴趣则是健身者对活动的结果所产生的兴趣，如参加运动锻炼能有效增强人的体质、参加运动锻炼能提高运动技能水平等。因此，在人们参加健身锻炼的过程中，应通过启发引导和多种形式的组织，将直接兴趣和间接兴趣有效结合起来进行，如此才能提高人们运动锻炼的积极性和主动性，养成自觉锻炼的良好习惯。

2.明确目的、强化动机

可以说，人的一切活动总是有一定的动机与目的的，健身锻炼也是如此。因此，人们在参加健身锻炼前，首先应明确健身锻炼的动机与目的，将锻炼的目的与动机与个人的健身需要结合起来进行。根据人的性别、年龄、身体条件等方面的差异，人们参加健身锻炼的需求主要有强身健体、休闲娱乐、锻炼技能、竞赛等。

3.检查评价、激发动力

人们参加体育健身锻炼所获得的效果是逐步积累的，在锻炼过程中应该通过医务监督、效果评定和比赛等方式，对锻炼效果定期进行检查，让锻炼者及时了解健身效果，充分调动锻炼的积极性，从正反两个方面激发健身者的锻炼热情。

（二）针对性原则

针对性原则是指人们在健身锻炼的过程中，应根据自身的具体实际，合理确定健身锻炼的内容、手段和负荷等，使整个健身锻炼符合个人实际水平，进而保证健身锻炼的效果。健身者选择健身项目要具有一定的针对性，要针对个人的身体条件和具体实际而选择。人们在参加健身锻炼的过程中要注意以下几点要求。

第一,总体而言,人们的个体差异是普遍存在的,其锻炼需求也是千差万别的,必须根据其不同特点区别对待。

第二,可供人们参加健身锻炼的手段与内容有很多,具有广泛的选择性,这些运动项目特点功能各异,为提高锻炼身体的实效,应该有针对性地进行选择。

第三,通常情况下,人们参加健身锻炼的环境有时会发生一定的变化,因此健身锻炼计划或方案也应该随着季节、气候等自然条件的变化而改变。

人们在参加健身锻炼的过程中,充分贯彻针对性原则,应注意以下几个方面的要求。

第一,针对年龄特点进行选择。人在不同的年龄阶段,身体机能会发生一定程度的改变,因此在参加健身锻炼时应根据人体生长发育的年龄特征,科学合理地选择健身锻炼项目。

第二,针对性别特点进行选择。总体来看,男女身体之间存在着多方面的差异。例如,男性肌肉发达,约占体重的42%,而女性只占36%左右,因此在安排健身负荷时女性运动负荷应该小于男性。女性应多进行平衡和柔软等方面的练习,而男性则多进行力量、速度等方面的练习。

第三,针对身体健康状况进行选择。人体各部位的机能状况,是确定锻炼内容、方法和运动负荷的主要依据。人们在参加健身锻炼前应了解自身的健康水平,如果患有疾病则要在医生的指导和监督下进行健身锻炼。

第四,针对地域和季节特点进行选择。一般来说,不同地域的地理条件和文化背景都有着明显的差异,因此人们在参加健身的锻炼过程中应从各地实际出发,依据当地的气候条件和地理环境合理选择健身项目或方案。

(三)经常性原则

经常性原则是指人们参加健身运动锻炼要持之以恒,坚持长期、不间断地锻炼。运动技术的形成和提高，人体各组织系统机能的改善，是肌肉活动反复多次强化的结果。如果不经常进行锻炼，下一次锻炼时，上次锻炼的痕迹已经消失，失去了累积性的影响作用，因此效果也就很小，甚至起不到任何作用。同时，运动技能的形成，身体素质的发展与提高，都会受到生物界"用进废退"规律的制约。如果锻炼不保持经常性，则已经取得的锻炼效果就会慢慢消失。

总之，人体身体素质或技能水平的提高是一个长期的逐步提高的过程，不是一时一日而成的。因此，健身者必须要经过长期的不断的科学锻炼，才能收到良好的健身效果。

人们在参加健身锻炼的过程中要充分贯彻经常性原则，应注意以下几个方面的要求。

(1)养成经常参加健身锻炼的良好习惯。健身者只有坚持长期有规律的锻炼，才能保证健身效果不会慢慢消退。

(2)科学、合理地设定健身目标和训练计划。健身者要把经常性锻炼作为培养毅力、锻炼意志、陶冶情操的手段和过程，尽力排除健身中各种因素的影响与干扰。

(3)循序渐进，逐步提高。在健身者选择健身项目的内容和方法方面，要注意连贯和系统，健身要由易到难，逐步提高健身锻炼的水平。

(四)适量性原则

适量性原则是指人们在参加健身锻炼时应该有适宜的生理负荷。锻炼效果的大小主要取决于运动刺激的强度，过大或过小都不能取得理想的健身效果。只有适宜的运动强度，才能有利于能量消耗的恢复和超量补偿，取得良好的健身效果。另外，人们在参加健身锻炼时还要量力而行，将自我感觉和生理测定结合起来进行，如果锻炼后出现精神萎靡等不良症状，则说明运动强度过大，需要做出及时调整，使健身锻炼恢复到理想的强度上来。

一般来说，适宜的运动强度主要取决于人体能量的消耗和恢复的超量补偿，能量消耗过多，便产生了疲劳。适当的疲劳在经过一定的休息和恢复后，疲劳症状可逐渐消失，人体机能水平得到提高，这时就会产生明显的锻炼效果。而过度疲劳则会对运动技能水平提高不利，有时甚至会导致运动损伤。

因此，人们在参加健身锻炼时，要深刻贯彻运动负荷的适量性原则，这需要注意以下几个方面的要求。

(1)健身锻炼要量力而行，适度把握健身的时间、频率、强度等要素，将主观感觉和客观标准结合起来进行，保证运动健身具有针对性。

(2)健身时要将运动者的年龄、性别、环境、营养、兴趣等各种因素考虑在内，合理地统筹安排健身锻炼。

(3)可通过自我诊断的方法来判断运动负荷的大小，避免出现过度疲劳。

总之，人们在参加健身锻炼的过程中，要在保证适宜负荷的前提下，注意逐步增加运动负荷强度，保证机体机能能力的不断提高，并做好医务监督。

(五)全面性原则

全面性原则是指身体锻炼要全面发展身体的各个部位、各器官系统的机能、各种身体素质和活动能力，追求身心的和谐发展。人们参加健身锻炼不仅要包括不同身体部位的活动，还包括多种项目和不同性质的活动，要保证健身锻炼的全面性，使身体各方面都得到全面发展。因此，人们在运动健身锻炼中贯彻全面性原则具有非常重要的意义。

人们在参加健身锻炼的过程中，要充分贯彻全面性的原则，应注意以下几个方面的要求。

(1)在参加健身锻炼时，要综合考虑机体形态、身体机能、抵抗疾病、愉悦身心等各方面的全面发展。全面发展要结合重点进行，发展各自职业需要的部位和素质，以及在劳动过程中活动最少的部位。

(2)合理选择和搭配健身内容。要达到全面发展,一方面要尽可能选择那些对身体有全面影响的锻炼内容,如跑步、游泳等;另一方面,也可以辅以其他锻炼内容,要循序渐进地进行锻炼。

(3)内外结合。不仅要注重身体形态的锻炼,还要注重身体机能的锻炼,使机体能力得到全方面的提高。在锻炼的过程中要集中精神,使身心获得共同发展和提高。

(六)恢复及时性原则

恢复过程是人体机能提高的过程,也是保持运动锻炼能够连续持久的前提。在恢复过程中,身体机能能力超过原有的水平,这种现象称为超量恢复。超量恢复过程就是身体机能和健康水平的提高过程。另外,发生运动疲劳后,只有在身体机能得到完全恢复后,才能够进行下一次足量的运动锻炼。

第二章 大众健身发展的学科理论基础

大众健身的发展，与其坚实的学科理论基础有着不可分割的密切联系。具体来说，大众健身发展的学科理论基础有很多，这里主要对运动生理学基础、运动心理学基础以及运动学基础三个方面进行分析和阐述，以此对大众健身有一个更加深入的了解和认识，进而为大众健身的进一步发展奠定坚实的基础。

第一节 大众健身的运动生理学基础

一、大众健身与物质代谢

在大众健身中，人是活动的主体。人体不能对自然界中的能量进行直接的利用，也不能对外部供给的电能、机械能等能量进行利用，人体唯一能够直接利用的是摄入人体内的糖、脂肪、蛋白质、维生素、无机盐、水。生命活动的基本特征是人体内的物质代谢。物质代谢是合成代谢和分解代谢两个相互联系的过程。下面就对大众健身中的糖代谢、脂肪代谢、蛋白质代谢和水盐代谢分别进行分析和阐述。

（一）糖代谢

作为人体组织细胞的重要组成成分，糖也是人体所需能量的主要来源，对人体有着非常重要的作用。通常来说，人体每天的能量大多数都是由糖来供应的，相对于脂肪和蛋白质，糖在代谢供能时，消耗的氧气较少，可以说是人体最经济的能源物质。

1. 糖的代谢过程

在消化酶的作用下，人体的糖质转变为葡萄糖分子（果糖可直接被吸收），然后葡萄糖分子经小肠黏膜的上皮细胞葡萄糖运载蛋白转运进入血液，成为血液中的葡萄糖（血糖）。血糖在肝脏中合成并储存称之为肝糖原，在肌肉中合成并储存被称为肌糖原。肝脏将体内乳酸、丙氨酸、甘油等非糖质物质合成为葡萄糖或糖原是糖的异生作用。糖的合成代谢便是合成糖原和糖异生的过程。最后糖原和葡萄糖通过糖酵解、有氧氧化、戊糖磷酸和乙醛酸途径等生成乳酸，乳酸通过糖异作用生成葡萄糖或氧化分解。

2. 大众健身与血糖

（1）大众健身对血糖的影响

在安静状态下，正常人的血糖值都不会有多大差别的，范围在 3.9～5.9 毫摩尔/升。针对参与大众健身的人来说，与正常人的区别主要在于血糖在运动期间的变化趋势不同。正常人血糖的含量不会有很大的变化，而参与大众健身的人，会由于运动内容和强度的不同，造成血糖水平产生不同的变化趋势。当运动强度较大、运动时间较短的情况下，神经兴奋性高，促进了肝糖原的分解，但葡萄糖的消耗量少，因此血糖水平会有升高的趋势。当运动强度大且运动时间较长时，所消耗的葡萄糖量大于糖原的转化量，血糖就会出现下降趋势。

（2）补糖对大众健身的影响

大众健身能量消耗大，所以过程中要合理补充糖，保证健身效果。研究表明，血糖水平的变化和运动前服糖时间的关系较为密切。一般在运动前半小时或两小时补充糖是效果最好的。因为运动前一小时到半小时之间补糖会由于血糖升高，导致胰岛素的大量分泌而降低血糖浓度，引起胰岛素反应，从而降低运动能力甚至会出现运动性低血糖等不良的训练效果。因此在运动前半小时或两小时补糖，可以让糖直接随血液运送到肌肉组织或者已完成糖元的合成转化过程，在训练开始后，肌、肝糖原被动员进入血糖供给需要，可以保持较高的血糖水平。

在运动过程中，最好每半小时饮用低浓度的含糖饮料，因为低浓度的饮料可促进渗透吸收，并且胃在短时间内只能排空少量的液体，而高浓度的饮料会延长胃排空的时间，对运动不利，也对糖的吸收不利。

（二）蛋白质代谢

蛋白质是一切生命活动的基础，能为机体的运动提供能量。

1.蛋白质的代谢过程

蛋白质的补充来源于食物，食物进入消化道，在消化液作用下分解为氨基酸，被小肠吸收。氨基酸被吸收后，几乎全部通过毛细血管进入血液，可在各种不同的组织中重新合成蛋白质。氨基酸经脱氨基作用等代谢过程，最终生成氨、二氧化碳和水。氨基酸在分解代谢过程中释放能量。

2.蛋白质对人体的作用

蛋白质主要是由氨基酸构成的，它在人体中起着非常重要的作用，在人体的肌肉组织和心、肝、肾等器官，乃至骨骼、牙齿都含有大量蛋白质，细胞内除水分外，蛋白质约占细胞内物质的80％。蛋白质的主要作用包括建造、修补和重新合成细胞成分以实现自我更新，合成酶、激素等生物活性物质，作为机体的能源物质、维持体液平衡和酸碱平衡等。

3.大众健身与蛋白质

在进行大众健身锻炼时，合理地补充蛋白质是提高健身效果的有效途径。从相关实验可以得知，比例为 2∶1∶1 的亮氨酸、异亮氨酸和缬氨酸三种氨基酸的混合物，在促进肌肉力量的增长方面是最基本和最关键的物质，尤其可以满足大强度负荷后机体对蛋白质的需求。

蛋白质的调节需要很多激素，如甲状腺素和肾上腺素能促进蛋白质的分解，表现为甲亢时，甲状腺素分泌增加，人体蛋白质分解增加，人体逐渐消瘦；当生长激素分泌增加时，人体蛋白质合成增加，肌肉健壮。

（三）水盐代谢

1. 大众健身与水代谢

水是生命之源，是人体细胞和体液的重要组成部分，约占体重的 60%～70%。人体的许多生理活动一定要有水的参与才能进行。它可以将氧气和各种营养素直接或间接地带给人体各个组织器官，并将新陈代谢的废物和有害有毒的物质通过大小便、出汗、呼吸等途径即时排出体外。水还具有维持体温的作用。水的比热高，温度不易改变，所以当机体进行大众健身锻炼时，体内产热量增多，水通过蒸发出汗消耗大量的热，调节体温，从而使机体温度过高的情况得到有效的避免。

2. 大众健身与无机盐代谢

人体组织中，除碳、氢、氧、氮等主要元素以有机化合物的形式出现以外，其余各种元素统称为无机盐（也称矿物质）。尤其在青少年的骨骼发育期间，无机盐的需求量会出现突然增加的情况。在进行大众健身锻炼时，由于新陈代谢加快，人体需要的无机盐有两类，一类是需要量较大的，如钠、钾，钙、磷、镁、硫和各种氯化物。它们对于调控体液的交换速率、调节体内营养物质的代谢、保持人体内环境的平衡等起着关键作用。另一类是需要量较少的微量无机盐，如氟、碘、锌、铁。其作用主要表现为：保持牙齿的健康、骨骼的形成、甲状腺素的正常、血细胞的生成、人体组织的再生功能等。

(四)脂肪代谢

脂肪是以有氧代谢为主的运动中的主要能源供给物质,人体脂肪主要来自动物脂肪和植物油。在身体中脂肪约占体重的10%～20%。主要分布在皮下结缔组织、内脏器官周围、肠系膜等部位。

1.脂肪的代谢过程

脂肪具有疏水性,它借助机体自身以及机体摄入的各种乳化剂形成乳浊液,然后在机体的水环境中被酶解成甘油、游离脂肪酸和单酰甘油,还有少量的二酰甘油和未经消化的三酰甘油。并通过小肠上皮细胞直接吞饮脂肪微粒或脂肪微粒的各种成分进入小肠上皮细胞形成乳糜微粒被吸收。乳糜微粒和分子较大的脂肪酸进入淋巴管,甘油和分子较小的脂肪酸溶于水,扩散入毛细血管。脂肪进一步分解成二碳单位,最终生成二氧化碳和水。

2.脂肪对人体的作用

一般脂肪占体重的10%～20%,肥胖的人可达到40%～50%。身体内所贮存的脂肪一直在不断地更新。脂肪的获取可以从食物中,也可以由体内由糖或蛋白质转变而成。脂肪除了是含能量最多的物质外,还是构成人体组织结构成分。磷脂、糖脂、胆固醇等是构成细胞膜的重要物质。另外,皮下脂肪还能使体内温度不易外散,有助于维持体温和御寒。脂肪可以起到保护身体器官,具有减少摩擦和防止体温散失等作用。

3.大众健身与脂肪

在大众健身的过程中,有关研究认为,只有长时间的有氧运动才能动员脂肪供能,随着运动时间的延长,脂肪的供能比例会随之增加。有氧运动可以提高机体氧化利用脂肪酸供能能力，长期参与大众健身，能够使血脂升高得到有效的改善，降低血浆中LDL含量，增加血浆中HDL的含量，长期参与大众健身锻炼，能够有效减少体脂的堆积，使身体的成分得到有效的改善。

二、大众健身与能量代谢

能量代谢是人体和外界环境能量的交换与人体内能量转移的过程。物质代谢和能量代谢是两个紧密相连的过程，在能量代谢过程中可以使脂肪、糖、蛋白质等能量物质中所蕴藏的化学能释放出来，供大众健身锻炼利用。

（一）磷酸原供能

1.磷酸原功能系统

ATP、CP分子内均含有高能磷酸键，在代谢中均能通过转移磷酸基团的过程释放能量，所以将ATP、CP合称磷酸原。由ATP、CP分解反应组成的供能系统称作磷酸原供能系统。

肌肉收缩时，ATP是将化学能转变为机械能的唯一直接能源，人们在进行大众健身锻炼时ATP转换率会加快，且与训练强度成正比。训练强度越大，ATP转换率越快，机体对骨骼肌磷酸原供能的依赖性越大。但是ATP在肌肉中的贮存量并不对ATP主要作用的发挥起到重要的决定性作用，它的迅速合成过程是否顺畅则在很大程度上决定着其作用的发挥。

磷酸肌酸（简称CP）是贮存在肌细胞中与ATP紧密相关的另一种高能磷化物，分解时能释放出能量。当肌肉收缩且强度很大时，随着ATP的迅速分解，CP随之迅速分解放能。肌肉在安静状态下，高能磷化物以CP的形式积累，故肌细胞中CP的含量为ATP的3～5倍。尽管如此，其含量也是有限的，随着运动时间的延长，必须有其他能源来完成供应ATP再合成，才能使肌肉活动持续下去。

CP 供能对 ATP 再合成有着重要的意义，这种意义的表现不在其含量，而在其快速可动用性，既不需氧，又不产生乳酸。但是因为分子过大，不能被人体吸收，CP 和 ATP 不能直接用作营养补充。前面提到过的肌酸能被人体直接吸收，肌酸吸收进入肌细胞后能合成 CP，进而为合成 ATP 所用。

磷酸原供能系统中，ATP、CP 均以水解分子内高能磷酸基团的方式供能，因此，在大众健身锻炼的初期和开始阶段，机体会最早起用、最快利用磷酸原供能系统，且不需要氧气参与。

2. 不同强度大众健身锻炼的磷酸原的变化

第一，当极量运动至力竭时，CP 储量接近耗尽，达安静值的 3%以下，而 ATP 储量不会低于安静值的 60%。

第二，当以 75%最大摄氧量强度持续运动时达到疲劳时，CP 储量可降到安静值的 20%左右，ATP 储量则略低于安静值。

第三，当以低于 60%最大摄氧量强度运动时，CP 储量几乎不下降。这时，ATP 合成途径主要靠糖、脂肪的有氧代谢提供。

3. 大众健身对磷酸原系统的影响

大众健身能够使 ATP 酶的活性得到有效提高；具有提高肌酸激酶的活性，从而提高 ATP 的转换速率和肌肉最大功率输出，这对于运动员提高速度素质和恢复期 CP 的重新合成是较为有利的；使骨骼肌 CP 储量明显增多，从而使磷酸原供能时间得到有效提升；而对骨骼肌内 ATP 储量影响不明显。

（二）糖酵解供能

糖原或葡萄糖无氧分解生成乳酸，并合成 ATP 的过程为糖的无氧代谢，又称为糖酵解。糖酵解供能是机体进行大强度剧烈运动时的主要能量系统。糖酵解的过程是在细胞质中进行，不需要氧的参与。在缺氧条件下，丙酮酸在乳酸脱氢酶的催化下接受磷酸丙糖脱下的氢，被还原为乳酸。

机体内部糖酵解的过程是分为两个阶段进行的：第一，糖从葡萄糖生成2个磷酸丙糖；第二，磷酸丙糖转化为丙酮酸，生成ATP。在有氧的条件下，丙酮酸可进一步氧化分解生成二氧化碳和水。

在大众健身的开始阶段，ATP会在ATP酶催化下迅速水解释放能量。一旦机体中ATP的浓度下降，CP就会立刻分解释放出能量，以促进ATP的合成。肌肉利用CP的同时，糖酵解过程被激活，肌糖原迅速分解，提供大众健身锻炼所需要的能量。

在氧供应充足时，无氧酵解所产生的乳酸，一部分在线粒体中被氧化生能，一部分被合成为肝糖元等。乳酸是一种强酸，在体内积聚过多会破坏内环境的酸碱平衡，造成肌肉酸痛，工作能力下降，是运动性疲劳的产生原因之一。

（三）有氧代谢供能

1.有氧代谢的供能系统

所谓有氧代谢，就是机体在有氧的条件下进行大众健身锻炼时，糖、脂肪、蛋白质会被彻底氧化成水和二氧化碳的反应过程。

在大众健身锻炼过程中，在氧的供应能够满足机体对氧的需求的情况时，主要由糖、脂肪和部分蛋白质的有氧氧化来为运动所需的ATP供能。有氧氧化能够提供大量的能量，从而能维持肌肉在较长时间进行工作。例如，由葡萄糖有氧氧化所产生的ATP为无氧糖酵解供能的19倍。ATP和CP的最终再合成以及糖酵解产物乳酸的消除都是要通过有氧氧化来实现的。

在大众健身锻炼过程中，机体的骨骼肌往往要通过以下三大能源物质的有氧代谢释放能量，满足机体的运动供能。

第一，在机体的有氧代谢供能系统中，体内糖原储量较多，一般需要经过持续1～2小时的低强度运动，肌糖原才能耗尽。

第二，体内的脂肪储量丰富，是安静或低中强度运动下的主要供能基质。它的氧化过程对糖有依赖性，其供能的比例会随大众健身锻炼强度的增大而降低，随大众健身锻炼持续时间的延长而增加。

第三，蛋白质在长于30分钟的大强度运动中才会参与供能，并与肌糖原的储备有关，糖原储备充足时，蛋白质的供能仅占总热能的5%左右，肌糖原耗竭时，蛋白质的供能可占总热能的10%～15%。

2.有氧代谢系统对机体系统的影响

有氧代谢供能的效果受到氧从空气到肌肉的过程中，所经过的每一个系统的影响有以下几个方面。

(1)对呼吸系统的影响

肺通气量越大，吸入体内的氧量也就越多，这与呼吸频率和呼吸深度有关。由于解剖无效腔的存在，在大众健身锻炼过程中主要以加大呼吸深度来消除解剖无效腔的影响，使氧进入体内的效率得到有效的提高。

(2)对血液系统的影响

血红蛋白执行氧运输任务。血红蛋白的数量是影响有氧耐力的很重要的因素。如果血红蛋白的含量低于正常人，必将会对运动者的有氧代谢能力产生一定的影响。因此，在运动过程中进行定期测量，了解血红蛋白的含量是必要的，能及时发现、解决问题，做到防微杜渐。

(3)对循环系统的影响

心脏泵血功能的好坏是影响健身的一个十分重要的因素，有研究表明，在运动的初期有氧氧化能力的增加主要依赖于心输出量的增加。

(四)大众健身对能量代谢的影响

通过对以上三大供能系统的分析可以看出，系统的大众健身锻炼能够使人体的供能能力得到有效提高，表现为在完成同样强度的动作时，需氧量减少，能量消耗量也减少，也就是说，在完成同样的运动负荷时，经过一定大众健身的人们消耗的能量较少。

通过系统的大众健身锻炼对身体呼吸系统和循环系统的机能水平都有积极的提高作用。同时，也能够有效提高系统的工作效率，减少消耗在供能器官本身上的能量，节省下来的能量能够在强度的保证和难度动作的开发上得到更好的发挥。

三、大众健身对生理健康的影响

大众健身不仅能够使锻炼者肌肉发达，增强肌肉的弹性和肌力，而且对人体的心血管系统、呼吸系统、运动系统、神经系统等各内脏器官的功能也会产生较为积极的影响。下面就对大众健身在生理健康方面的影响分别进行分析和阐述。

（一）大众健身对神经系统的影响

神经系统是人体发育成熟最早的。在脑的发育过程中，脑重量、记忆力和分析能力都会随着年龄的增长逐渐增长。神经系统在机体中的作用是控制、支配和调节，也就是使身体中执行各项功能的不同器官协调起来，成为一个统一的整体，以适应身体内外环境的变化。合理的大众健身运动在神经系统方面起到非常积极的作用和影响，具体来说，主要表现在以下几个方面。

1. 使神经系统的反应能力和灵活性得到有效提高

大众健身运动中的一些项目负荷量较大，因此，这就要求神经系统能够迅速动员和调节各器官与系统的机能，使之适应肌肉活动的需要。同时一些运动项目会对机体的应激能力产生一定的刺激作用，从而使神经系统的兴奋、抑制交替转换的灵活性得到提升，神经系统对全身各系统的迅速调节能力得到改善，反应速度及灵活性得到提高，使人体活动中动作的协调性、灵敏性和准确性也得到有效的改善。

2.使人体对环境的适应能力和免疫能力得到有效提升

经常参加大众健身运动的人血管收缩的反应性、基础代谢率等都会得到较大的改善，体温调节能力加强，对气候的变化反应灵敏，在受到环境温度变化的影响时能够迅速保护和防御，以免机体受到伤害。因此，长期参加大众健身运动的人，能健美体格，增强体质，环境适应能力和免疫力都会高于一般人。

3.使大脑皮层神经细胞的耐受性得到有效提高

经常参加大众健身运动，能够对血液循环速度起到积极的促进作用，使单位时间大脑血流量增多，脑细胞得到更多的营养，提高大脑的功能，加快神经的疲劳的消除，提高大脑抗疲劳的耐受力，使肌肉收缩节约化，进而使大脑长时间工作的能力得到有效提高。

4.使大脑组织的衰老得到延缓

大脑是人体中的信息器官，而信息器官需要不断的信息刺激，如果大脑长期处于“信息饥饿”状态，则必然会出现大脑早衰。为了防止大脑早衰，最有效的方法就是给大脑以良性刺激，而合理的大众健身运动就是最好的运动性良性刺激。四肢的骨骼肌肉在进行大众健身运动时，可以将外周的效应器上的信息，作为输入信号反馈给中枢，反过来刺激中枢神经系统，从而维持中枢神经系统处于一定程度的激活状态，维持甚至增强其应激能力，这样就能够使大脑的活力增强，从而使脑细胞的衰老得到有效的延缓。

（二）大众健身对运动系统的影响

人体的运动是由运动系统实现的。运动系统由206块骨骼、400多块肌肉以及关节等构成。大众健身运动可以让运动系统产生良好的适应性变化。具体来说，大众健身在运动系统方面产生的影响主要有以下几个方面。

1.对结构机能的有利变化起到积极的促进作用

在参加大众健身运动时,骨肉工作加强,血液供应增加,蛋白质等营养物质的吸收与储存能力增强,肌纤维增粗,因而肌肉逐渐变得更加粗壮、结实,肌肉力量增强。由于肌肉中肌红蛋白的增加使其结合氧气的能力增强;储存的营养物质——肌糖原增加;肌肉内毛细血管的数量也增多了,更能适应运动或劳动的需要。这就使得结缔组织也逐渐增多,肌肉的生理横断面和体积增加,肌肉纤维增粗。肌肉含量增加,脂肪含量就会相对下降,使人体基础代谢率提高,这对于人体健康是较为有利的。同时还可以加强肌肉收缩时的力量,加快了肌肉的收缩速度,灵活性、耐久性提高,弹性、柔韧性也得到一定的增强。

2.使关节的柔韧性和灵活性得到有效提升

经常参加大众健身运动的人,能够使关节面软骨的骨密度和厚度得到一定的增加,同时,还能够让关节周围的肌肉发达、力量增强、关节囊和韧带增厚,因而可让关节的稳固性和抗负荷能力加强。在增强关节稳固性的同时,由于关节囊、韧带和关节周围肌肉的弹性和伸展性提高,关节的运动幅度和灵活性也大大增加,使关节的灵活性有所提升,伤害事故的发生概率也有所降低。

3.强化骨结构,使骨性能得到有效提升

经常参加大众健身运动的人,由于其新陈代谢增强、血液循环加快,使骨结构和性能也随之发生了变化,增强了骨质。球类健身运动引起肌肉对骨骼的牵拉和重压,使骨骼不仅在形态方面产生了变化,而且让骨骼的机械性能也得到了提高。骨骼在形态方面最明显的变化是:肌肉附着处的骨突增大,骨外层的密质增厚。而里层的骨松质在排列上则更能适应肌肉拉力和压力的作用。这就使骨质更加坚固,可以承担更大的负荷,提高了骨骼抵抗折断、压缩、弯曲、拉长和扭转的能力。同时还能对骺软骨的增生产生一定的刺激作用，对人体的增高有很大的意义。

（三）大众健身对心血管系统的影响

从生理学的角度来说，维持人体的生命活动，主要是凭借血液循环和外界进行物质交换，循环停止也就代表人的生命终止。由此可以看出，心血管系统对人体生存的重要意义。大众健身在心血管系统方面产生的作用主要有以下几个方面。

1.有效促进血液循环，对心血管疾病起到良好的防治效果

通常来说，正常人的血液总量只占体重的8%，而经常参加大众健身锻炼的人血液总量约占体重的10%，且血液的重新分配机能快，这就使人体在承受较大的生理负荷时，经过神经系统的调节，反射性引起肝和脾释放储存的血液得到了有力的保证。同时，血管的收缩和舒张，动员了大量血液参加循环，从而使肌肉活动时的血液供给得到有效的保障。

经常从事大众健身运动能够使动静脉血管壁弹性提高，管径增大，这对于血液畅流是较为有利的。由于毛细血管开放和增生，能有效改善微循环功能。由于锻炼能够促进新陈代谢，增加脂肪利用，减少脂肪堆积，增加纤维蛋白溶解酶的活动，使冠状动脉硬化和血栓形成得到有效的预防。因此，经常参与大众健身锻炼的人比一般人高血压发病率低3倍，究其原因，主要是由于通过肌肉活动对大脑皮层的影响，使调节血管收缩和舒张的神经中枢活动趋于正常，血压下降，对于预防心血管系统疾病有所助益。

2.有助于心肺功能的改善

从相关的实验研究中可以发现，经常参加大众健身运动能使心肌肌红蛋白的含量增加，组织代谢能力加强，供血量增加，使心肌纤维变粗，心脏的重量和大小增加。心脏搏动有力，外形丰满。由于心壁增厚，心腔增大，使心脏的收缩能力提高，心容量增大。

通常来说，一般人的心容量为765～785毫升，而参加大众健身锻炼的人，其心容量可达到1 015～1 027毫升，每分输出量和每搏输出量也都有所增加。

3. 能够使免疫功能得到有效提高

大众健身运动能够使总血量增加25%。一般成年男子每立方毫米血液中含有红细胞450万～550万个，女子380万～460万个。经常参加大众健身运动的人，血液中红细胞增多，可达每立方毫米600万～700万个，究其原因，主要是由于运动能够使红骨髓的造血机能得到有效的改善。运动对血液中具有免疫功能的白细胞影响较大，白细胞包括淋巴细胞、单核细胞和自然杀灭细胞（NK细胞）等。在大众健身运动后白细胞数量明显增加。短时间大强度和长时间小强度的运动都可以使淋巴细胞数量增多。运动后单核细胞有轻度增加。中低强度的运动对提高NK细胞的活性是一种良性刺激，而NK细胞是对肿瘤免疫有效果的细胞。但长时间的剧烈运动则可能对它的活性产生一定的抑制作用。

（四）大众健身对呼吸系统的影响

呼吸是人体一切活动所需要的能量和维持体温的热量，都来自体内营养物质的氧化，氧化过程需要不断吸入氧气呼出二氧化碳，这就形成了呼吸过程。呼吸系统是代表人体生命活动的标志，对人体的健康发展有着重要的作用。下面就分析一下大众健身在呼吸系统方面产生的影响。

1. 能够使呼吸系统的机能水平得到有效提高

从相关的实验研究中可以看出，经常进行大众健身运动，会使机体的呼吸频率相对减少，呼吸深度加大，由于呼吸肌的力量增强，肺泡弹性增大，肺活量和肺通气量的指标明显增大。例如，一般成年女子的肺活量为2 500毫升左右，成年男子的肺活量为

3 500 毫升左右。安静状态下一般人的呼吸频率为 12～16 次/分钟，肺通气量为 6～8 升，而经常参加大众健身运动的人呼吸频率仅为 8～12 次/分钟，就可达到同样的肺通气量。呼吸系统机能水平的提高和改善，对保持健康和预防疾病都非常重要。

2. 对呼吸器官结构的改变起到积极的促进作用

大众健身一些运动项目的运动强度比较大，肌肉活动比较剧烈，需要消耗氧气量、产生二氧化碳量都会很大，于是呼吸系统必须加大工作量才能满足机体活动的需求。因而人体呼吸频率加快，呼吸次数增加，深度加深，胸廓活动度加大。尤其是大负荷的健身锻炼时，呼吸次数可增到 40～50 次/分钟，每次吸入空气量达到 2 500 毫升，是安静时的 5 倍。同时，由于运动时对氧的需求量增加，呼吸的深度加大，经常进行大众健身锻炼就会使呼吸效率有所提高，肺泡也会最大限度地参与气体的交换，这会对肺泡的生长发育及弹性的改善起到促进作用。经常参加大众健身运动的人，其胸围一般要比同年龄人大 3～5 厘米，呼吸差也增加到 9～16 厘米。

第二节　大众健身的运动心理学基础

一、大众健身与动机

推动一个人进行活动的心理动因或内部动力，就是所谓的动机。动机能引起并维持人的活动，将该活动导向一定目标，以满足个体需要的念头、愿望或理想等。大众健身运动的动机能引起并维持人进行健身运动，并将该运动导向一定目标。动机是个体的内在过程，行为就是动机的外在表现。

（一）动机的形成条件

要形成动机需要具备内部和外部两个方面的因素。

1. 内部条件

引起动机的主要内部条件是“需求”。“需求”是指个体因对某种东西的缺乏而引起的内部紧张状态和不适感，并督促其产生行为力量，支配人的行动。动机就是由“需求”构成的。

2. 外在条件

引起动机的外在条件是“环境”。“环境”是指对个体之外的各种刺激，包括各种生物性和社会性的因素，它是产生动机的外部原因，对人有着重要的影响作用。

（二）动机的分类

根据不同的分类标准，可以将动机分为不同的类型。下面对几种较为常见的分类标准和方法进行分析和阐述。

1. 以需求性质为依据进行划分

按照这一分类依据，可以将动机分为生物性动机和社会性动机。

（1）生物性动机

生物性动机是以生物性需要为基础的动机，如因饥饿、口渴而产生的动机。

（2）社会性动机

社会性动机是以社会性需要为基础的动机，如成就动机、交往动机。

2. 以兴趣特点为依据进行划分

按照这一分类标准，可以将动机分为两类，即直接动机和间接动机。

(1)直接动机

以直接兴趣为基础,指向活动过程本身的动机,就是所谓的直接动机。有些人对于自己所从事的健身运动本身感兴趣,认为它是对自己身体机能的积极挑战,从中可以最大限度地发挥和体现自己的潜力,体验到一种效能感和满足感,这种动机属于直接动机,即指向运动本身的动机。

(2)间接动机

以间接兴趣为基础,指向活动的结果的动机,就是所谓的间接动机。有些人对健身运动本身并不感兴趣,只是认为它是战胜对手所必须克服的困难,这种动机对运动的结果较为重视。

3.以情感体验为依据进行划分

按照这一分类标准,可以将动机分为缺乏性动机和丰富性动机两种。

(1)缺乏性动机

缺乏性动机是以排除缺乏和破坏、避免威胁、逃避危险等需要为特征,它可理解为“厌恶的动机”,包括生存和安全的一般目的。缺乏性动机以张力的缩减为目的,一旦目标实现,这种动机就会明显减弱。

(2)丰富性动机

丰富性动机是以经验享乐,获得满足、理解和发现,寻找新奇,有所成就和创造等欲望为特征的动机。这种动机可以理解为“欲望的动机”,与缺乏性动机相反,它的目的是追求满足和刺激,而不是逃避刺激,它往往趋向张力的增强而不是张力的缩减。

4.以动机来源为依据进行划分

按照这一分类标准,可以将动机分为内部动机和外部动机。

(1)内部动机

内部动机是来源于主观内部原因的动机。内部动机是以生物性需要为基础，通过积极参加某种活动，应付各种挑战，从中展示自己的能力，实现自己的价值，体验莫大的满足感和效能感。它是汲取内部力量的动机，是从内部对行为的驱动。例如，在某种健身运动中获得了成功或者达到了某个既定的目标，则这种运动和成功本身就构成了一种内部奖励，对人起到激发作用。这种动机中，行为的动力来自内部的自我动员。

(2)外部动机

外部动机是指来源于客观外部原因的动机。外部动机以社会需要为基础，人通过某种活动获得相应的外部奖励或避免受到惩罚以满足自己的社会性需要。它是汲取外部力量的动机，是从外部对行为的驱动。个体行为的动力来自外部的动员力量。

（三）动机在大众健身中的作用

动机在健身运动中有着非常重要的作用和影响，具体可以在以下三个方面得到体现。

1.始发作用

动机可引起和发动个体的主动性，促使其参加大众健身运动。

2.指向或选择作用

动机可引起和发动个体进行大众健身运动的方向和目标。

3.强化作用

动机是维持、增加或制止、减弱大众健身运动的力量。“强度”与一个人激活的程度有关，换句话说，就是为了达到某一目标，人正在付出多大努力。

二、大众健身中心理因素的重要作用

良好的心理因素在大众健身锻炼中具有至关重要的作用。

从相关研究中可以看出，在现代社会中，从事健身运动要想取得理想的效果，心理因素占30%，身体、技战术等因素占70%。

（一）情绪对大众健身的作用

情绪对人的心理活动常常起着推动和阻抑作用，情绪稳定、协调是心理健康外显的指标之一。人们在学习、工作、生活、交友中遭受挫折而产生短期的不愉快情绪是正常的情感反应，而面对困难与挫折如何调节自己的情绪，是乐观开朗、自信进取，还是焦虑忧郁、悲观失望则反映了一个人的心理健康水平。从某种程度上来说，情绪也影响着人的身心健康。

从心理学上来进行分析，情绪对大众健身有着非常大的影响，例如，良好的情绪对大众健身能够起到“增力”作用，如明显地提高人的活动能力，对人体运动能力的提高起到积极的促进作用，使人精神焕发、干劲倍增、积极主动、坚忍不拔、持之以恒。不良的情绪起着“减力”作用，如可以使人表现为精神不振、无精打采、心灰意冷、注意力不集中等。

如果人们在大众健身锻炼过程中，情绪不稳定，自控能力差，心慌意乱、忧心忡忡，他就很难掌握好动作技能。相反，倘若其情绪稳定，精神饱满、注意力集中、斗志昂扬，他就一定能取得好的健身效果。

（二）智力对大众健身的作用

人的智力和身体活动有着密切相关的联系，尽管随着年龄的增长，人的智力发展与其身体活动能力的发展逐渐分化开来，它们之间的关系变得不明显了，此时智力与身体活动能力之间的相关程度很低，但是，智力的发展与身体活动能力的发展仍然存在着联系。比如在进行大众健身锻炼时，要求锻炼者要具备精确的记忆能力、敏锐的观察能力、丰富的想象能力、快速的思维能力等智力素质，以取得理想的健身效果。

（三）良好的意志对大众健身的作用

意志指人自觉地明确目标、支配行动、克服困难、实现预定目标的心理过程。意志是人的意识的能动性的集中表现，是个性的重要精神支柱。行动的自觉性和果断性是意志健全的重要标志。

对于参与大众健身锻炼的人们来说，心理健康的人对自己参与大众健身的目的、目标有着正确的认识，其既有理想，又不脱离实际；既有抱负又不沉溺幻想；既有强烈的竞争意识又不损人利己；行为上合情合理，并能够驾驭自己，脚踏实地，刻苦努力，自觉主动地支配自己的行为以达到预期目标。

三、大众健身对心理健康的影响

心理因素对大众健身有着重要的作用和影响，同样，大众健身对心理健康也产生着重要的影响。具体来说，主要表现在以下几个方面。

（一）能够使情绪状态的控制得到改善

大众健身对心理健康产生影响的一个重要标志就是情绪状态，也是人的自然需要是否得到满足而产生的一种体验。情绪几乎参与人的所有活动，对人的行为活动起着很大的调节作用。而大众健身是人体情绪的调节剂，对人的情绪产生良好的影响。

现代社会的人们处在快节奏、高效率、强竞争的环境下，心理上会产生一定程度的紧张、焦虑和不安的反应。耶鲁大学门诊部对所有就诊的病人做了病因分析，结果因情绪不良而致病的占76%。适当的大众健身锻炼往往能转移不良情绪，使人的头脑从消极情绪中解脱出来，同时为保持积极乐观的精神面貌奠定良好的生理基础。

（二）对认识能力的提高起到积极的促进作用

大众健身的各项目都有一个共同的特点，具体来说，就是在运动或高速运动中要求运动者既要能对外界物体(如球、器械、环境等)做出准确迅速的感知与判断,又能迅速感知、协调自己的身体以保证动作的完成。通过长期的大众健身锻炼对人的感觉、知觉能力的发展,对促进人的反应速度和直觉判断能力的提高有着积极的作用,可以让人变得敏锐、灵活。

(三)有助于提高自信,完善自我

自信心是个体获得成功的保证。在进行大众健身锻炼时,参与者在身体完成各种复杂动作的过程中、在与队友的默契配合中、在与对手的竞争拼搏中、在取得胜利的喜悦中、在失利挫折的反思中,能不断增强自信心。一次次的经验,能够对参与者的思维方法和行为模式产生潜移默化的影响,使他们不断地得到自我完善。

(四)能够有效降低应激反应

现代人由于生活紧张、竞争加剧、压力加大、人际关系复杂,普遍处于应激状态。过度的应激常引起身体不适,还会导致人的免疫功能下降,诱发各种疾病。坚持进行大众健身锻炼,能够使锻炼者的心理应激水平得到有效的提升,使人在遇到外界的强烈刺激时,能迅速做出反应,果断采取措施,以健康的心态从容应对。

(五)对意志品质的培养有所助益

意志品质通常是指一个人的目的性、自觉性、自信性、坚韧性、自制力以及勇敢顽强和主动独立等精神,意志品质既是在克服困难的过程中表现出来的,又是在克服困难的过程中培养起来的。锻炼者越能克服困难也就越能培养良好的意志品质。进行大众健身能够锻炼人克服一定的困难和障碍,是培养人的意志品质的重要途径。

大众健身对于培养人们的意志品质,如勇敢、顽强、坚毅、果断、自信心、自制力等方面均具有重要作用。人们在具有明确目的的大众健身锻炼活动中，常常需要不断克服客观困难（如气候条件的变化，动作的难度或意外的障碍等）和主观困难（如胆怯和畏惧心理，疲劳或运动损伤等），这就需要足够的意志力量。

第三节　大众健身的运动学基础

大众健身的运动学基础，不仅涉及人体的肌肉、骨骼，也与运动技能的形成有着较为密切的关系。

一、肌肉运动学

（一）肌肉的结构

作为人体运动之源，肌肉在运动系统中的位置和作用都是非常重要的。

1. 肌肉的构成

整块肌肉是由无数形状为细长状的肌细胞组成，肌细胞也被称作“肌纤维”，它是构成肌肉的最基本结构。肌纤维外层均有一层结缔组织构成的超薄薄膜包裹，称为“肌内膜”。数条肌纤维靠拢凑近，构成肌束，肌束表面也有肌束膜包裹。无数的肌束最终组成从外表看到的一块块肌肉的形象，肌肉外面仍旧有结缔组织膜，称为“肌外膜”。肌肉中，水分约占 3/4，另外 1/4 为能量物质、蛋白质、酶等固体物质。另外，肌肉中还有着丰富的毛细血管网及神经纤维，以供应肌肉的氧气和养料，从而使神经协调得到有力的保证。

2. 骨骼肌

附着于骨骼上的肌肉，就是所谓的骨骼肌，它是多种肌肉类型中的一种。在人体肌肉所占的比例中，骨骼肌的分布最广、数量最多，是运动系统的主体部分。人体内约有400块大小不一的骨骼肌，占体重的35％～40％。成年男性约占40％，成年女性约占35％。

骨骼肌有着重要的作用，主要表现为：在神经系统的支配下，骨骼肌能够收缩牵动骨骼，维持人体处于某种姿势，或产生人体局部运动，最终对机体完成运动所需的各种动作起到积极的促进作用。

每一块骨骼肌就好像是一个器官。通常情况下，可以将其大致分为中间膨大的肌腹和两端没有收缩功能的肌腱，肌腱直接附着在骨骼上。骨骼肌收缩时通过肌腱牵动骨骼而产生运动。肌腱由排列紧密的胶原纤维束构成，肌腱内胶原纤维互相交织成辫子状的腱纤维束。肌腱的一端与肌内膜、肌束膜和肌外膜相连接；另一端与骨膜紧密结合。肌腱本身虽无收缩能力，但能承受很大的拉伸载荷，而肌腹的抗张力强度远远不及肌腱。

（二）肌肉的类型

按照参加工作的肌肉所起的不同作用这一划分标准，可以将肌肉大致分为四种类型，即原动肌、对抗肌、固定肌以及中和肌，每一种类型的肌肉都有其各自的特点和功能。

1. 原动肌

直接完成动作的肌群，就是所谓的原动肌。原动肌又可以分为以下两大类。

（1）主动肌。在动作完成中起主要作用的原动肌叫主动肌，如“弯举”中的肱肌与肱二头肌。

（2）次动肌。帮助完成动作或在动作某个阶段收缩的次要的原动肌叫副动肌或次动肌，如“弯举”中的肱挠肌、旋前圆肌等。

2. 固定肌

固定原动肌一端附着点位于所在骨的肌肉，就是所谓的固定肌。固定肌使主动肌的拉力方向朝着它们的固定点，其作用是使肌肉的拉力方向保持一定。

固定肌的运动主要有两种情况：一种是作用相反的两群肌肉共同作用，使关节保持固定不动；另一种是一群肌肉与某些外力的共同作用。

3.对抗肌

与原动肌作用相反的肌群就是所谓的对抗肌。例如在“弯举”动作中，肱三头肌是肱二肌的对抗肌，原动肌和对抗肌不是固定不变的，而是随着关节运动方向的改变而改变。对抗肌除了有拮抗原动肌工作的作用外，还有协调原动肌工作的作用，如在快速动作的结束阶段，对抗肌收缩紧张，以缩小关节的活动范围及延缓运动速度，避免关节周围发生软组织损伤。

4.中和肌

中和肌的工作情况主要有两种。一种是有时两块原动肌有一个共同的作用，但其第二个作用是互相对抗的。另一种情况是：当原动肌发挥多种功能时，别的一些肌肉参与工作，抵消原动肌的一些功能，使动作更准确，这些肌肉称为中和肌。

二、骨骼运动学

骨骼，是以骨组织为主体，在结缔组织或软骨基础上经过一定的骨化形成的。一般情况下，成年人体内的骨骼数量是相同的，都是206块。

（一）骨的结构

1.骨的形状

由于人体的骨存在的部位和它发挥的功能不同，因而形状也就多样。按其形状特点可概括为以下四种：长骨、短骨、扁骨和不规则骨。

2. 骨的构成

骨膜、骨质、骨髓及血管、神经共同构成了骨骼，骨骼以骨质为基础，表面被骨膜包裹，内部充满骨髓。

（二）骨的基本功能

骨是人体运动系统的重要组成部分。然而骨的作用不只限于在人体运动的时候。骨的功能还表现在支撑身体、保护脏器、造血和储备微量元素等方面。

三、运动技能的形成

（一）运动技能的分类

经过对运动技能的分析研究，有关学者将运动技能划分为两大类：一类是闭式技能，另一类是开式技能。

1. 闭式技能

闭式技能是指完成动作几乎不因外界环境的改变而改变，只是千篇一律的重复动作，反馈信息也来自本体感受器。通常情况下，闭式技能往往是单人项目，较为典型的项目有田径、游泳、山地车等。

2. 开式技能

开式技能是指技能动作因外界环境的改变而改变，动作多种多样，有多种分析器参与工作，并综合总的反馈信息，其中往往以视觉分析器起主导作用。通常情况下，开式技能往往是对抗性项目，较为具有代表性的有球类运动、击剑等。

需要强调的是，开式技能动作的复杂性要高于闭式技能的动作。

（二）运动技能的形成过程与发展

运动技能的形成，是遵循一定的规律的，具体来说，就是从简单到复杂，并有其建立、形成、巩固和发展的阶段性变化和生理规律，只是每一阶段的长短随动作的复杂程度而有所差别。通常情况下，可将运动技能的形成过程大致划分为三个阶段，即泛化阶段、分化阶段、巩固自动化阶段。运动技能形成后，就会得到不断的发展，达到动作自动化。

1. 泛化阶段

一个动作的完成，即使在最开始，也要遵循一定的规律和流程，具体来说，就是从教师或教练的讲解示范，到自我实践，然后获得一个感性认识，但是对运动的技能的内在规律并没有很深的认识。由于人体对外界的刺激，是通过感受器（特别是本体感觉）传到大脑皮质，引起大脑皮质细胞的强烈兴奋，另外因为皮质内抑制尚未确立，所以大脑皮质中的兴奋与抑制都呈现扩散状态，使条件反射暂时联系不稳定，出现泛化现象。在这个阶段，肌肉的外表活动往往会呈现出一定的特点，即动作僵硬，不协调，不该收缩的肌肉收缩，出现多余的动作，而且做动作很费力。这些现象是大脑皮质细胞兴奋扩散的结果。鉴于此，就要求教师或教练以正确的动作示范来帮助学生正确掌握动作，要抓住动作的主要环节和运动者掌握动作中存在的主要问题进行教学，不要对动作细节进行过分的强调。

2. 分化阶段

分化阶段是在锻炼者初步掌握动作技术，对该运动技能的内在规律也有了初步的理解，逐渐消除了一些不协调和多余的动作之后的第二个阶段。这时候，大脑皮质运动中枢兴奋和抑制过程逐渐集中，由于抑制过程加强，特别是分化抑制得到发展。大脑皮质的活动由泛化阶段进入了分化阶段，因此练习过程中的大部分错误动作得到纠正，能比较顺利连贯地完成完整的动作技术。这时初步建立了动力定型。但定型还尚不巩固，如果有新异刺激产生，多余动作和错误动作可能重新出现。需要强调的是，为了使学生能够顺利进入到下一个阶段，要求教练或教师在这个阶段要特别注意纠正错误动作，对学生掌握动作的准确性加以强调。

3. 巩固阶段

在经过反复练习后，运动条件反射系统已经巩固，大脑皮质的兴奋和抑制在时间和空间上更加集中和精确之后，就进入到第三个阶段——巩固阶段。在这一阶段中，不仅动作优美、准确，而且某些环节还可出现不需要意志支配就能做出动作，叫作动作自动化。在环境条件变化时，动作技术也不易受破坏，同时由于内脏器官的活动与动作配合得很好，完成练习时也感到省力和轻松自如。

从上述内容中可以看出，形成运动技能的三个过程是相互联系的，每个阶段都没有明显的界限。从某种程度上来说，运动水平高的运动者，运动技能的形成速度较快，而初学者则相对较慢。

4. 自动化阶段

在完成了运动技能的泛化、分化、巩固阶段后，就会产生动作的自动化发展。所谓自动化现象，就是练习某一套动作时，可以在无意识的条件下完成的一种行为。自动化具有较为显著的特征，主要表现为：对整个动作或者是对动作的某些环节，暂时变为无意识的。

当动作出现自动化现象时，第一信号系统的活动已经从第二信号系统的影响下相对地“解放出来”。完成自动化动作时，第一信号系统的兴奋不向第二信号系统传递，或者只是不完全地传递，这时的动作是无意识的，或是意识不完全。

从某种意义上来说，动作自动化的程度在很大程度上影响着运动成绩的提高，但是需要强调的是，动作达到自动化后质量就得到保证，这一观点是错误的。虽然动力定型已经非常巩固，但由于进行自动化动作时第一信号系统的活动经常不能传递到第二信号系统中去，因此，如果动作出现细微的错误，很可能一时不能觉察，等到一旦觉察，可能变形的动作已因多次重复而巩固下来。因此，这就要求在动作自动化的发展中，也要时刻保持动作质量的检查和纠正，以避免出现不必要的问题和损伤。

第三章 现代大众健身现状与发展策略探讨

随着现代社会的快速发展,体育运动发展也更加呈现出多元化的态势。尤其是近几年来,休闲体育、群众体育等新型体育运动得到快速发展,并且随着全民健身计划及全民健身运动的实施和开展,大众健身运动在我国正如火如荼地开展着。本章就现代大众健身现状与发展策略进行研究,内容包括现代大众健身运动的发展现状,全民健身、群众体育的开展现状,现代大众健身运动发展的制约因素以及发展趋势与对策。

第一节 现代大众健身运动的发展现状

在当今社会里,大众健身运动不仅仅是一种健身运动方式,更是人们生活中不可缺少的一部分,甚至它本身就作为一种新的生活方式而存在。进入21世纪以来,国内外形势发展很快,一些与大众健身相关的社会因素也发生了很大变化:生活的富足和余暇时间的延长,给人们提供了更多的休闲锻炼的机会;激烈的社会竞争和都市“文明病”的流行,使人们对“健康第一”的认识进一步强化;而2008年北京奥运会的成功举办,更极大地激发了民众的体育热情。此外,生活的富足和余暇时间的延长,以及人们对“健康第一”认识的进一步强化等,各种因素都为大众健身运动的发展提供了良好的契机。所以,在这种新的社会背景下,认真地审视我国大众健身体育的发展现状,客观准确地判断我国大众健身体育的发展趋势，既是放眼未来，制定新时期我国大众体育发展战略的实际需要，又是与时俱进，满足人民群众日益增长的体育需求的具体措施，对于全面建设社会主义和谐社会，具有重要历史意义。我国大众健身的发展，其现状基本如下。

一、我国大众健身发展取得的成就

（一）健康观念深入人心，体育人口稳步增长

伴随着人民生活水平的不断提高，人们对健康长寿的追求更为迫切。"健康第一""生命质量"等观念日益深入人心。健康观念和健身意识正在成为社会主导意识，体育锻炼人数增长迅速。体育健身运动以广大民众为参与主体，民众对体育健身运动的参与程度反映出这项运动向社会渗透的深度与广度，这就是体育人口的发展状况。体育人口是指经常参加体育健身运动，具有统计意义的人口占总人口的百分比，体育人口数量是反映人们参加体育健身运动的深度和广度的最为直接的指标，近年来，这项指标有了较明显的增长。调查表明，2000 年我国 16 岁以上城乡居民中有 35％的人参加过一次或一次以上体育活动，比 1996 年增长了 0.65％；16 岁以上的体育人口为 18.3％，比 1996 年增长了 2.8％。这很好地说明了体育健身已为越来越多的群众所接受，成为一种文明的生活方式。

为了有效地推动《全民健身计划纲要》的实施和全民健身活动的广泛开展，我国每年举行一次"全民健身宣传周"活动，产生了广泛的社会影响，有效地增强了群众的体育健身意识。同时，随着我国民众生活水平的逐年提高，人们用于购买健身用品、参加健身培训、参与健身活动的投入也逐年增多，体育健身消费受到以中青年为主体的广大民众的青睐，体育健身产业及其相关产业有了飞速的发展。

（二）大众健身的物质条件显著提高

近年来，国家体育主管部门和社会各界加大了对体育场地设

施建设的投入。从1997年开始，利用体育彩票公益金兴建“全民健身工程”，国家和地方共投入体育彩票公益金3亿多元人民币，共建全民健身工程3 000多项，建设全民健身路径近万条，其中地方投资建设的占70%以上。根据2004年第五次全国体育场地普查的结果，我国有各类体育场地85万个，比1995年增加38%。平均每万人拥有体育场地6.58个，人均体育场地面积为1.03平方米，分别比1995年增长31.6%和58.46%。同时，为了解决群众体育健身场地不足并充分利用现有体育设施为全民服务，全国现有各类体育场馆绝大多数公共体育场馆已向社会开放。1998年和1999年共建“全民健身工程”1 182个，分布在全国77个城市，911个社区，其中健身路径1 426条，其他体育设施1 089个。2000年时国家体育总局又出资3 240万元，兴建了第三批“全民健身工程”和2 200多条“全民健身路径”。此外，近几年，发行体育彩票为全民健身活动开展所需的经费提供了有力支持。体育彩票公益金收入部分的60%用于实施全民健身计划，使得各级机构的群众体育经费逐年增加，使得全民健身活动的经费问题得以较好的解决。

（三）群众性体育活动形成热潮

2004年，根据国家体育总局群体司对24个省区市体育局群众体育处的调查，将省区市体育局群众体育处推荐的当地城市最普及的10个体育项目集合，城市中最普及的体育项目共有38个，按推荐省区市的频数计算，列在前10位的是：乒乓球、健身(美)操、太极拳(剑、扇)、篮球、羽毛球、(走)跑步、游泳、门球、健身秧歌、武术。列在11～20位的是：广播操、棋牌、木兰扇(剑、拳)、腰鼓、健身球、体育舞蹈、排舞、自行车、台球、毽球。列在21位以后的是：交谊舞、钓鱼、广场舞、冬泳、三大球类、太极柔力球、吉特帕、舞龙舞狮、花毽、风筝、轮滑、练功十八法、益智球。2009年1月，国务院决定自2009年起，每年的8月8日为全国的“全民健身日”；2009年9月，国务院公布了《全民健身条例》，这是我国

第一部全面、系统的全民健身事业发展的专门性行政法规，是我国全民健身事业法制化、规范化的重要标志，是加快全民健身事业科学发展、建立全民健身长效化机制的重要举措，是满足人民群众体育健身需求、促进体育事业协调发展的重要保障。

（四）大众健身的发展已纳入法制轨道

1995 年颁布了《中华人民共和国体育法》，标志着我国体育工作进入了依法行政、依法治体阶段，也从根本上确立了大众体育的发展地位和作用。同年，国务院下发了《全民健身计划纲要》（以下简称《纲要》），这是我国发展社会体育事业的一项重大决策，是促进全民健身事业科学发展的纲领性文件。

《纲要》对 2010 年前我国全民健身的目标、任务、对象、重点、对策、措施和实施步骤等进行了计划和布署，并辅以“全民健身一二一工程”，予以落实。《纲要》是与实现社会主义现代化目标相配套的一项增强国民体质的系统工程和跨世纪的发展战略规划，得到了党和国家领导人的高度重视。在党的领导下，在各级人大、政府的重视下，各级体育行政部门共同努力，在全民健身活动管理法制化的进程中取得了显著成果。

2009 年 1 月，国务院决定自 2009 年起，每年的 8 月 8 日为全国的“全民健身日”；2009 年 9 月，国务院公布了《全民健身条例》，这是我国第一部全面、系统的全民健身事业发展的专门性行政法规，是我国全民健身事业法制化、规范化的重要标志。《全民健身条例》的颁布和实施是新时期我国加快全民健身事业科学发展、建立全民健身长效化机制的重要举措，为人民群众体育健身需求的满足和大众体育健身事业的发展提供了重要的法规保障。

截至 2015 年，我国系统性的全民健身活动与组织活动开展了已有 20 年，2015 年 2 月 24 日，国务院发布《全民健身计划（2011—2015 年）》（国发〔2011〕5 号），提出到 2015 年形成覆盖城乡比较健全的全民健身公共服务体系。在各省（区、市）领导班子的带动下，由省级领导人担任主要负责人，由若干成员单位组成的省级全民健身工作领导协调机构，地级建立这种类型机构的占98%以上，县级占95%以上。大批街道、乡镇也建立了类似的机构。我国已经逐步建立起纵贯全省、地、县、乡，横跨行业系统、群众组织、社会团体，政府领导、体育行政部门组织、各方齐抓共建的新型社会体育组织领导机制。形成了法律保障、行政推进，用搞建设的思路走社会化的路子，用建设系统工程的方式来发展群众体育健身的新模式。

2016年6月，国务院通过并颁布实施了《全民健身计划(2016—2020年)》，为我国未来五年的全民健身活动的开展提供了进一步明确的指导意见和目标。

此外，随着国家《全民健身条例》进入实质性的论证和立法阶段。《体育法》的进一步贯彻落实，这些法律法规使我国的全民健身事业进入一个新的更高层次的发展阶段。人民健身权利的法律保护保证了大众健身的法制化，是促进大众健身活动和大众健身事业发展的重要法制基础。

（五）大众健身的组织工作更加完善

国外经验证明，体育健身运动需要有一定的组织保证。随着体育体制改革的不断深化，体育社会化程度的不断提高，逐步形成了中央、省、市（地）、区（县）、街道（乡镇）的体育社团的层次结构，基本覆盖了全国城乡的广大地区。体育社团的类型包括了体育总会、群众体协、项目体协等。至今，我国社会体育已经初步形成了一个以体育社团为主线，以基层体育指导站、活动点为点的点线结合，覆盖面广的社会化群众体育组织网络。

（六）社区体育和老年体育发展迅速

社会主义市场经济体制的确立，打破了原有计划经济体制下福利型、统一性的“单位大众体育”模式，取而代之的是以地缘联系为纽带、以业余自愿为前提的社区体育。城镇社区体育最具中国特色的是“晨练”。据对全国144个街道、乡镇调查，平均每个乡镇街道社区有体育锻炼站点2.8个，平均每个活动点136人，并有增长速度逐年提高的趋势。随着我国医疗卫生事业的发展和人民物质生活水平的提高，我国人口的平均寿命也大大地延长了，老年人口已逾1.3亿，超过人口总数的10%，已进入老龄化国家阶段。老年人对健康有怀旧感，对长寿有紧迫感，且闲暇多，参加锻炼比例高。据2001年抽样统计，城市晨晚练者中，老年人约占63.3%，已成为大众体育锻炼队伍的主力军。

（七）学校体育发展迅速

国家体育总局积极配合教育部改革学校体育，修订国家体育锻炼标准，将实施《标准》作为学校体育考试的一项内容，并会同教育部共同制定了《少年儿童体育学校管理办法》《体育传统项目学校管理办法》等法规文件，进一步加强对青少年的素质教育，培养学生德智体全面发展。学校体育是我国国民体育的基础，学校体育在我国全民健身体系中具有重要的战略地位。此外，学校体育在推动群众体育的发展方面起着重要的作用。在我国体育人口的组成成分中，学校学生占了很大一部分。由于学生在学校受到了良好的体育教育，这些学生毕业后就可以成为社会上群众体育的指导人员和骨干力量，推动全民健身服务的开展。因此说，学校体育的发展程度，也反映了我国群众体育的普及水平。

2016年，为进一步促进学校体育发展、改善在校学生的体质和提高其身心健康水平，国务院办公厅于5月6日印发《关于强化学校体育促进学生身心健康全面发展的意见》（国办发〔2016〕27号），强调发挥体育在推进素质教育中的综合作用。到2020年，“体育教学质量明显提高，学生体育锻炼习惯基本养成，运动技能和体质健康水平明显提升，规则意识、合作精神和意志品质显著增强，基本形成体系健全、制度完善、充满活力、注重实效的中国特色学校体育发展格局。”指明了我国校园体育发展的重要目标和方向。

新时期，强化学校体育对于促进教育现代化、建设健康中国和人力资源强国，实现中华民族伟大复兴的中国梦具有重要意义。以学校体育教育来扩大体育人口，使在校学生建立终身体育意识，并在毕业后能持续参与各种形式的大众健身活动，形成良好的社会健身文化氛围对于我国大众健身发展意义重大。

（八）民族传统体育继续发展，新兴的体育旅游逐渐兴起

我国居民体育锻炼参加人数最多的项目是武术、秧歌舞、太极拳（剑），等等，放风筝、踢毽子的也为数不少。他们多半采用体现民族健身传统的项目，反映丰富心态的娱乐性、休闲性项目，配以音乐的文艺体育相结合的项目，不需要严格的场地设备的非竞技性项目。同时，由于闲暇时间的增长，激活了假日经济，也带动了旅游市场。经过几年的磨合，人们的消费取向逐渐成熟，开始由观光转向休闲，由被动赏景转向主动参与，体育健身日益成为旅游的一大卖点。

二、我国大众健身发展中存在的问题

改革开放几十年来，我国大众体育和大众健身的发展取得了巨大的成就，但由于众多原因，在发展过程中也存在一些问题，基本如下。

（一）大众健身设施条件较差

就当前来说，在我国城市，体育场馆等体育活动场地一般都具备了，但是，到体育场馆锻炼身体的人并不多。而在一些农村地区，由于经济发展水平较低，基础设施建设严重不足。同时，我国各类体育场馆不但数量少，而且开放率低，全部向居民开放的只有44.1％。另据对北京、天津、上海三地抽取各级各类学校调查，学校体育场馆全部向社会开放率为56.7％，部分开放率为28.4％。目前，学校体育场馆开放的主要对象是本校学生，其次是有组织的运动会、体育活动，有组织的训练。可见体育场馆没

有得到充分和科学的利用。近些年来，国家为体育锻炼场地投资经费总计达百亿元之多。这类大型的体育场馆只是进行竞技比赛，未能充分考虑一般百姓从事体育活动的需要，人们只是“旁观者”，不是“参与者”，因此造成体育比赛场地多，利用率低，而为大众提供体育健身活动的场地和器材太少，大大阻碍了大众健身运动的发展。

（二）大众健身运动发展区域不平衡

我国是一个发展中的国家，地区之间、城乡之间经济存在着发展的不平衡性。西部落后于东部、农村落后于城市。东部和沿海地区及城市参加体育健身活动的人较多些，而在西部地区和广大农村，特别是比较边远地区的农民就更谈不上健身的问题。据资料表明，在发达城市与不发达城市之间进行比较，他们在健身意识、体育人口、体育健身场所、体育消费水平等方面都存在着较大的差异。例如，在体育活动占闲暇时间的比例项目调查中上海市为38.3%、山东省33.3%，而四川省则为29.8%，存在较大的地区间差异。在体育健身频度的选择上，广州市有41.3%的人选择每周锻炼3次以上，35.1%的人为每周1～2次；北京市为29.4%人3次以上，36.3%为1～2次；四川省则只有18%的人选择3次以上。说明了在西部地区一方面人们的体育锻炼意识比较落后，另一方面也表明了一种与经济实力发展趋势相吻合的特点。我国尚属社会主义的初级阶段，在城镇居民已进入“小康型”和“后小康型”发展阶段时，广大农村还处于“温饱型”或“由温饱向小康型”的过渡时期。西部落后地区甚至还没有解决温饱问题。因此，农村体育相当落后，据抽样调查，体力劳动消耗很大的农民中有近一半认为体育锻炼没有必要，经常锻炼者只占总人口的3.4%，有的乡村甚至还没有锻炼群体。

（三）大众健身运动指导员数量不足，质量不高

进行有组织、有计划、有指导的体育锻炼是大众体育现代化

的重要标志。资料表明,国外一些健身运动开展较好的国家,对体育指导员的配备十分重视。例如,日本14种体育设施,有22%配备了专门的体育指导人员。在我国,群众健身活动发展很不平衡,体育指导员的人数还极为有限,即使有,也只是临时请的体育老师或体育教练,一般没有经过专门系统的培训。而一般情况下,有组织指导者、管理者,健身活动就开展得好些。所以,加强对大众体育的科学指导,培育社会体育指导人才,是大众体育发展的根本任务之一。

(四)参与大众健身的人群结构不合理

资料表明,经常参加体育活动的人员为"老、少"人群,即为老年人和在校学生,而中青年则相对较少。我国体育人口年龄结构呈马鞍型,青少年与老年人群体育人口比例显著高于中年人群。在我国现实社会中,身强力壮、年富力强的25～50岁年龄段的青壮年劳动力人口是参加健身活动最少的人群。根据近几年全国人口普查结果显示,我国在25～50岁这一年龄段的青壮年劳动力人口约5.5亿(农村约4.5亿、城市约1亿),这部分人是社会的脊梁,家庭的中坚,社会、家庭不仅需要他们的知识、本领和能力,更需要他们的身心健康。然而他们在事业、家庭等方面疲于奔波,很难再有精力顾及自己的健康,他们缺少老年人那种充裕的闲暇时间和青少年学生上体育课的条件及活泼好动的行为。除此之外,影响人们参加健身锻炼的原因还有自身懒惰,但更重要的是外部原因所致,如工作紧张、人际关系、场地器材、家务、辅导孩子等。我国各年龄阶段的人群对健身意识都存在观念上的问题,这是一种对社会、对人生缺乏责任的生活态度。健康非个人私事,它是关系到社会发展和民族兴衰的国家大事。

(五)体育消费水平差异显著

但由于受传统观念和经济收入等因素的制约,目前我国人民的体育消费意识尚处于觉醒阶段。有资料表明,发达城市与发展中城市之间体育消费水平有显著差异。此外，在体育消费观念和水平上也存在着极度的分化现象。城市高收入阶层和白领阶层，参与体育娱乐活动的层次较高，也意识到了健康的重要性，有了花钱买健康的观念，保龄球馆、高尔夫球、网球等活动成为他们的时尚。而工薪阶层和低收入阶层要为生活努力奔波，工作压力大，没有时间进行体育锻炼；而且也没有相应的消费能力去进行体育锻炼。

（六）健身运动的负荷较低，效果不显著

由于传统文化的影响，养生是我国居民体育锻炼的基本出发点。锻炼者中以治病和长寿为目的的占总数的 64.3%，他们多半采用太极拳、民族舞、散步，甚至是弹唱、聊天来健身，因而运动强度小，身体负荷低。据调查，参加中等强度和高强度锻炼的只占锻炼者总数的 7.74%和 8.44%。而西方国家大众体育锻炼采用的是对抗性强和相对激烈的竞技性项目，其运动负荷较高，强身效果较明显。

（七）大众体育发展处于孤立状态，且水平较低

大众健身活动、学校体育和竞技体育，三者相互结合，互为促进，是加快体育运动发展的必然要求。大众健身活动应该是学校体育的延伸和继续，是竞技体育的基础。而目前我国大众健身活动，多半在非体育场地，采用非竞技项目；运动员封闭训练，难得与百姓和学生一见。学校体育场馆对居民紧闭大门，生怕扰乱了校园的宁静，这种相互封闭、相互割裂的体制与现代大众健身活动的发展很不相称。同时，比赛本身是体育运动技能发展到一定程度的必然要求，但我国的大众健身活动竞技性较低，很少有比赛机会。据调查，除门球、网球和节日长跑等已形成了比赛制度以外，其余绝大部分项目均处于自娱自乐状态。

（八）部分群众健身意识误区较多

目前，尽管我国人民的健身意识在整体上有较大的提高，但

是部分群众的体育思想仍然非常落后，亟待改进提高，这部分群众在健身意识方面存在的问题有：①老年人保健意识。大多数年轻人认为健身锻炼是中老年人的事，自己身体强壮不需要锻炼。②药补意识。认为锻不锻炼对身体无所谓，只要进食补药就能健身。③非体育性的娱乐意识。用打扑克、玩麻将来代替体育锻炼。④被动的欣赏意识。自己不参加健身只欣赏体育比赛，充当体育观众。⑤唯竞技意识。认为参加体育锻炼仅仅是为了参加某项比赛并取得名次。

进入21世纪以来，我国经济增长速度较快，但国民整体的健康素质状况却欠佳，尤其是和发达国家相比，差距就更加明显。这种令人堪忧的状况已经影响到我国的社会主义建设，更严峻的问题是我国将进入老龄化社会，如果没有较好的社会健康水平，不仅会严重阻碍社会主义现代化建设的进程，而且还将给个人和家庭造成许多难以解决的困难和矛盾。从现在起到21世纪中叶，是我国社会发展的关键时刻。因此，动员全国人民和全社会不失时机地开展以健身锻炼为主要手段的健身活动，使经常参加体育锻炼的人数不断增长，使体育锻炼成为我国人民生活的自觉需求，使我国国民体质和群众体育的主要指标在21世纪中叶达到或超过中等发达国家水平，是全面落实国民素质建设，加快经济建设和社会发展步伐，建设有中国特色社会主义的重要保障。

第二节　全民健身与群众体育的开展现状

一、我国全民健身的开展现状

当前，随着全民健身理念的不断深入，我国全民健身运动日益流行起来，这对于人们的体质增强，精神文化生活的丰富，以及和谐社会的建设都具有非常重要的意义。目前我国全民健身的发展现状主要体现在以下几个方面。

（一）政府越来越重视全民健身

近年来，我国政府部门及领导每年都会听取《全民健身计划纲要》的实施工作汇报，并根据计划纲要的实施情况作出相应的指示。全国各省市相关部门也加大了宣传与推广全民健身运动的力度，并成立了与此相关的组织机构，加大了社会主义物质文明与精神文明建设的力度。由此可见，全民健身运动越来越受到我国政府部门的高度重视，这对于全民健身运动的发展是极为有利的。

（二）全民健身意识逐步增强

为了更好地促进我国全民健身活动的开展，实现《全民健身计划纲要》中规定的目标，我国每年都举行一次“全民健身宣传周”活动，这有效地促进了人们健身意识的提高，激发了人们自觉参与运动健身的积极性和兴趣。每年我国各个地区都会开展各种体育节、各种类型的体育运动会等，这对于推动我国全民健身运动的发展具有重要的意义和作用。总之，在这样的背景和形势下，人们的健身意识也在潜移默化中得以增强。

（三）全民健身队伍不断壮大

近些年来，我国全民健身活动得到了广泛的发展，这极大地促进了群众体育工作队伍的建设，省级体育行政部门中群众体育干部的数量占干部总人数的比例逐渐增加，在省、地、县体育事业单位中，从事群众体育的人员也在增加，省级体育总会中的专职人员与兼职人员有更多的增加，此外，乡镇、街道专职体育工作人员都有较大幅度增加。这说明我国全民健身队伍在不断壮大。目前，我国初步形成了以体育行政管理人员为主导，以体育社会团体人员和乡镇、街道体育干部为主线，以社会体育指导员为主体的群众体育工作队伍。

（四）全民健身的组织网络逐步完善

随着体育体制改革的不断深化，体育社会化程度的不断提高，逐步形成了中央、省级、市（地）、区（县）、街道（乡镇）的体育社团的层次结构，基本覆盖了全国城乡的广大地区。据调查统计，全国省以下各级体育社会团体、团体会员、个人会员在数量上都有所增加。

体育社团类型结构包括了体总、群众体协、项目体协、行业体协等。全国体育社会团体的种类逐年增加。城乡社区体育指导站和活动点是群众体育健身活动的基本阵地。据调查统计，全国城市和乡镇的体育指导站都在不断增加，在指导站参加活动的人数也不断增多，我国社会体育已初步形成了一个以体育社会团体为线，以基层体育指导站、活动点为点的点线结合、覆盖面广的社会化的群众体育组织网络。

（五）全民健身的场地和经费不断增多

为了解决群众健身场地不足并充分利用现有体育设施为全民健身服务，全国不断增加各类体育场馆，而且绝大多数公共体育场馆已向社会开放。

国家鼓励从中央提存的体育彩票公益金中提取一部分用于发展群体事业，其中相当大一部分用于购置器材与设施建设的“全民健身工程”。还通过创建体育先进县活动，调动各级政府和社会投入建立“两场一房一池”的资金，以及社会、集体和个人兴建体育场馆、设施的投资，其数额就更加可观。这些建在群众身边的体育设施，既大大方便了群众参加体育健身活动，又有效地缓解了体育健身场地、设施的不足。群众说这是“政府为老百姓办的好事、实事”，称之为“民心工程”。

近些年来，国家制定了一些有利于全民健身活动的政策，发行体育彩票并把彩票公益金中收入部分的一半以上用于实施全民健身计划，使得各级群体经费逐年都有增加，国家和地方共投入体育彩票公益金达几亿元。许多退休领导干部表示一定要把彩票公益金用好，特别是要把这些取之于民的体育彩票公益金真正用在为人民办实事上，从而推动全民健身活动的有效开展。

（六）全民健身的激励机制更趋完善

为表彰和鼓励基层开展群众体育工作的积极性，推动全民健身工作的开展，从中央到基层运用激励机制并逐步成为制度，形成一套表彰体系。命名了全国体育先进县，命名了全国城市体育先进社区；表彰了获全民健身宣传周优秀省、优秀单位；与教育部（原国家教委）联合表彰了推行《全民健身计划纲要》的先进单位、先进工作者表彰全国群众体育先进省、市，全国群众体育进步省、区，全国群众体育先进单位、先进个人；与农业部、中国农民体育协会联合表彰“亿万农民健身活动”先进乡镇；与国家民委联合表彰民族体育模范集体、模范个人等。

二、我国群众体育的开展现状

（一）公共体育设施难以满足健身者的需求

与以往相比，我国的体育设施建设有了明显的进步，体育场馆的数量和质量得到了明显的提升，这为人们参与体育运动提供了一定的物质保障。目前，我国很多城市都具有一定质量的体育活动场地和设施，但是，到体育场馆参与身体锻炼的人并不多。而在一些农村地区，由于经济发展水平较低，体育基础设施建设就更加落后，参加体育健身活动的人更少。

此外，我国大型体育场馆开发率和利用率都较低，这是制约当前我国群众体育发展的一个重要因素之一。总体而言，我国各类体育场馆不但数量少，而且开放率低，全部向居民开放的只有44.1％。另据对北京、天津、上海三地抽取各级各类学校调查，学校体育场馆全部向社会开放率为56.7％，部分开放率为28.4％。

目前,学校体育场馆开放的主要对象是本校学生,其次是有组织的运动会、体育活动,有组织的训练。可见体育场馆没有得到充分和科学的利用。

近些年来,随着我国全民健身运动的不断发展,在群众体育发展中的资金投入不断增多,我国群众体育设施与建设得到了显著的改善,大型体育场馆在竞赛之后的发展群众体育方面的利用率不断提高,人民参与群众体育健身活动的物质条件得到了较大的改善。但就全国范围来看,我国仍然存在人均可利用体育设施较少、体育场馆面向人民群众开发率低、大众健身场地太少,严重阻碍了我国群众体育运动的持续发展。

(二)群众体育的人群结构不合理

据对我国人民群众参与体育健身的调查发现,经常参加体育活动的人员大多为“老、少”人群,即为老年人和在校学生,而中青年则相对较少。我国体育人口年龄结构呈马鞍型,青少年与老年人群体育人口比例显著高于中年人群。

中年人群相对老年人群和青少年人群较少参与群众体育活动是有着一定的社会原因的。中年人大都身强力壮、年富力强的25～50岁年龄段的青壮年劳动力人口是参加健身活动最少的人群。根据近几年全国人口普查结果显示,我国在25～50岁这一年龄段的青壮年劳动力人口约5.5亿(农村约4.5亿、城市约1亿),这部分人是社会的脊梁,家庭的中坚,社会、家庭不仅需要他们的知识、本领和能力,更需要他们的身心健康。然而他们在事业、家庭等方面疲于奔波,很难再有精力顾及自己的健康,他们缺少老年人那种充裕的闲暇时间和青少年学生上体育课的条件及活泼好动的行为。

(三)群众体育运动指导员数量不足,质量不高

在现代市场经济条件下,进行有组织、有计划的体育锻炼是非常重要的。相关资料表明,国外一些健身运动开展较好的国

家，对体育指导员的配备十分重视。例如，日本 14 种体育设施有 22％配备了体育指导人员。在我国，群众健身活动发展很不平衡，体育指导员的人数也极为有限，即使有，也只是临时请体育老师或体育教练，一般没有经过专门系统的培训。有些城市有组织指导者、管理者，健身活动就开展得好些。

当前，随着我国群众体育人口的不断增加，群众健身活动对象的年龄、性别、体质、爱好、智力水平、经济基础等存在很大的差异，对体育活动组织者的组织、管理水平要求不断提高，群众性体育活动的组织方式和方法也应不断丰富，不能用单一的活动方式来组织和指导，要因地制宜、因人制宜开展群众体育活动。此外，群众体育社会指导员要不断提高自身的综合素质，以指导人们科学地参加体育健身。

第三节　制约现代大众健身运动发展的因素分析

一、文化因素

人的意识是客观存在的反映，客观存在决定着人的意识，而传统思想文化影响着这种反映的全过程。因此，大众参与健身的意识不仅决定于有形的社会政治经济结构，而且还受制于无形的思想文化传统结构，如民族文化的价值取向、思维方式等。探讨我国社会大众参与健身意识的历史文化背景，认识中国传统文化对当代大众参与健身意识的积极影响和消极作用，对 21 世纪弘扬民族文化传统，构建和谐社会环境，推进全民健身计划和促进整个体育事业积极健康发展有着重要的现实意义。

（一）中国传统文化对大众参与健身意识的积极影响

中华民族文化传统根源于勤劳、善良的华夏儿女孜孜不倦的创造性劳动，体现着对真、善、美的不懈追求，这是其绵延千年生生不息的根本动因。运用马克思主义辩证法的眼光，通过对中国传统文化中对大众参与健身意识影响的积极因素的挖掘，紧密地把握民族传统文化的深刻内涵，吸取精华，剔去糟粕，与时俱进，从而有利于我们用积极的、科学的态度和方法参与体育运动，从而推进全民健身运动以及整个体育事业的健康发展。

（二）中国传统文化对大众参与健身意识的消极影响

任何事物都具有正反两个方面，这是马克思主义哲学的重要思想。随着当今全球化浪潮的不断涌现，世界多元文化交流的加强促使我们在迎接外来体育文化挑战的同时，也必须清楚地认识到中国传统文化的消极因素对当代大众体育参与意识的负面影响。

我国传统文化思维方式的封闭性、经验性使大众参与体育运动时缺少创新及科学指导。意识思维是人脑的机能，是人类在改造世界过程中运用智慧所需的形式。不同民族由于地理气候的差异，经历不同的改造世界的途径和采用不同的手段方法，从而也就形成了多样的思维方式。

中国文化传统中的封闭性思维特点主要体现在人们的思想往往局限于某种固定的模式之中，缺乏与外界进行物质信息的交流和发现、接受新事物的主动积极性。长达几千年的中国封建专制主义的政治制度，扼杀了中华民族的进取精神和自由精神，遗留下某种程度上的守旧、服从和奴性。同时，民族文化传统深深影响了中华民族的性格与气质，形成了过分内向、含蓄、好静、习惯于忍让、依赖的性格特征，使得文化继承中保守有余而进步、创新不足。加上中国传统文化的经验性和模糊思维特点，重经验直观，轻理性和精确性，使人们对体育经验材料进行搜集、分析、选择、整理时只是把握体育的大致轮廓，获得初步的感性经验，这也是我国体育发展落后的重要原因之一；同时，“述而不作，信而好古”的思维方式在我国文化传统中已经形成了巨大的历史惯性，对当代人们体育思想行为方面产生了巨大的影响。

因此，人们往往对体育的认识仅仅限制在十分狭窄的范围之中，忽视体育与社会之间纷纭复杂的联系，而这种封闭性思维方式对于体育文化的传播、发展、推陈出新、借鉴外来科学的体育经验等都产生巨大的阻碍作用。而且，我国长期缺乏对大众健身活动经验的科学总结、提炼，健身训练法方法科学指导和管理不足，大众体育参与时很大程度上停留在经验这一层面，缺乏创新意识和运动的科学常识。

二、政治因素

政治是开展大众健身活动的最基本的社会保证。政治作为一种社会现象，它是随着国家的产生而产生的。它是一个国家的上层建筑，是统治阶级赖以指导和组织整个社会生活和经济生产的枢纽，对人类社会及其社会现象，包括体育现象，具有重要的影响。

我国是社会主义国家。国家性质决定了我国的体育的出发点和归宿是为人民服务。而党和国家也一直非常重视人民的体育活动。新中国成立初期，毛泽东就提出“发展体育运动，增强人民体质”。邓小平同志在20世纪70年代也曾说过“中国的体育就是群众体育”。1995年，国务院颁布了《全民健身计划纲要》。《全民健身计划纲要》颁布两个月后，紧接着全国人大全票通过了《中华人民共和国体育法》，它明确规定：国家推行全民健身计划。这为推进全民健身和维护人们参与体育的权利提供了法律保证。20世纪90年代中后期，我国的大众健身活动已初具规模。而我国政府也进一步加强对大众健身活动的推广。在1997年11月底的全国体育发展战略研讨会上，伍绍祖同志提出，我国体育事业的发展目标是：“人人享有体育权利，全民参与体育健身，提高国际体坛竞争能力，全面推进体育进步，为逐步实现体育现代化而努力奋斗。”随着社会的发展和形势的变化，党和国家对人们的生活质量越来越重视,积极发展大众健身运动。

三、经济因素

大众健身运动的发展需要一定的物质基础,这一物质基础就是经济因素。任何一种精神文化现象的出现,都是在满足了人们基本物质需求的基础上开始发展的。物质资料的生产活动是人类最基本的实践活动,而作为精神文化的大众健身,它的发展是以社会的物质资料生产的发展为基础的。同时,随着大众健身的兴起,体育产业的发展被注入了强势的发展动力,体育经济成为国民经济的重要组成部分。根据西方社会的发展经验来看,体育产业已经成为西方主要发达国家国民经济的新增长点,并大有成为支柱产业之势。我国体育产业的发展虽然较为缓慢,但群众对健身娱乐、竞技观赏和体育用品的消费需求越来越旺,体育产业规模迅速扩大,在扩大内需、促进经济增长方面有着重要的作用,并表现出极大的增长潜力。而且,随着体育产业的快速形成和发展,不仅拓展了第三产业的领域,也在一定程度上提高了第三产业的增加值,起到了优化产业结构的作用。体育产业是一个上游产业,它既能带动和促进第二产业中的一些相关行业的发展,也能带动和促进第三产业中一部分行业的快速发展,所以,体育产业的发展,对整个国民经济总量扩张和结构改善都有一定作用。

四、教育和科技因素

社会成员良好的法制观念和道德观念以及体育的权利意识和参与意识是推动体育现代化的内在动力,而社会成员的这种良好品质是以受教育程度为保证的。同时,社会成员的科学文化素质是保障实现体育科学化和高水平化的前提。在现代化过程中那种见物不见人的急功近利做法,往往会使我们走很多弯路,延迟现代化的实现。因此,可以说教育和科技的普及是健身活动现代化的重要环节。

第四节　现代大众健身运动的发展趋势与对策

一、现代大众健身运动的发展趋势

21 世纪的头二十年，是我国各项事业必须紧紧抓住并且可以大有作为的重点战略机遇期。因此，我国大众健身也将保持一个持续、快速、健康的发展态势。与此同时，人民参与体育活动的物质条件将会越来越好，大众体育和大众健身运动在人们生活中的位置将会变得更加突出，人们参与体育的程度将会更加普及。其发展趋势具体表现在如下几个方面。

（一）大众健身产业化发展空间广阔

随着我国经济、社会的发展，人们将会更加注重生活质量的提高，大众健身运动作为一种提高生活质量的积极有效手段有着广阔的市场需求。目前，我国体育健身产业市场已初具雏形，之所以作这样一个判断，主要基于以下几点：①社会上对健身、健美、保健、娱乐有着广泛的需求，城乡居民购买健身、健美、保健、娱乐等方面服务的动机和欲望逐步增强；②在全面建成小康社会进程中，国民的经济收入水平将会稳步增加，具备了一定的购买能力；③体育健身产业存在着劳务化商品和消费者这一构成市场的基本要素。由此可见，我国体育健身市场的形成和发展，是社会发展规律所决定的。

此外，在信息时代经济水平和文明程度进一步提高的状况下，人们对自身健康状况的改善将会更加重视。同时，随着人民消费水平的提高和消费观念的转变，家庭体育消费也将大幅度地增长，社会体育健身消费中蕴藏着的巨大潜力将逐步获得释放。

向体质与健康投资，搞体能储备将成为一种社会风尚。由此带来的体育健身、体育娱乐、体育康复、体育表演等巨大的体育消费市场，将大大推动体育产业的发展，并且带动相关产业的发展。

2010年之后，我国体育健身产业快速发展，在对更好的生活质量的追求下，人们积极参与各种内容和形式的体育健身活动，同时，社会政治、经济、文化的发展为体育产业的发展提供了良好的环境，经济的发展带动了体育设施的建设，为人们参与体育活动提供了便利。国家政府大力推进精神文明建设，体育作为国家精神文明建设的重要组成部分，人们参与体育活动受到法律、法规的保护。大众健身的法制化、产业化发展和大众健身设施的完善使国民从事体育健身的人数大大增加。

2014年10月20日，国务院以国发〔2014〕46号下发《关于加快发展体育产业促进体育消费的若干意见》。该文件指出，到2025年，体育产品和服务更加丰富，市场机制不断完善，消费需求愈加旺盛，建立布局合理、功能完善、门类齐全的体育产业体系。为近年来我国体育产业总体规模不大、活力不强，体制机制不健全等问题的解决提供了重要发展建议和发展策略。

目前，我国社会体育市场还处于发展的初级阶段，它是由我国尚处于社会主义初级阶段，人民生活还是处于总体小康水平所决定的。在未来的发展中，我国的体育产业将获得较大发展，逐步成为新的经济增长点。

（二）健身俱乐部将广泛兴起

随着大众健身运动的蓬勃开展，越来越多居民的体育健身消费观念发生了重大变革。俱乐部是为健身爱好者提供全面体育服务的经营性组织，它的运转主要依靠利益机制；在组织结构上，比起现有的体育行业协会、体育单项协会要简单得多，合理得多；在具体事务的操作上，效率也要高得多，有利可图就干，反之就可以不干，这样就可以摆脱我国目前绝大多数体育组织“造血”不足的困境。

我国体育产业化发展的一个必然趋势就是俱乐部的兴起和发展。在市场经济条件下，体育健身运动也逐渐向商业化方向发展，而俱乐部是在市场经济体制下衍生出来、又能够充分满足健身爱好者的要求的新的消费场所。同时，俱乐部也是一个兴趣集团，参加者的目的非常单纯，彼此间没有或很少有利益的纠葛和权力的争斗，可以最大限度、极其灵活地满足成员训练、比赛、交流的需要，体育锻炼成为满足个人兴趣的一种享受，认识社会的一个窗口，宣泄情绪、缓解压力的一个渠道，当然也是强健体魄的一种最积极、最有效的手段。

（三）大众健身的生活化发展

步入21世纪，我们生活在一个竞争更为激烈的时代，必须要更加全身心地投入工作和学习之中，这是事业和成功的需要。而身体作为知识、能力、精神和道德的载体，其先决地位更为突出。就当前时代来说，在人民生活水平普遍实现小康以后，“健康第一”“健康来自锻炼”“健身是投资人力资本”“健身是储蓄健康”等观念将会更加深入人心，人们将会在“以人为本”的“科学发展观”指导下，重新审视“发展”的最终目的，人们将更加关心健康长寿，更加注重生活质量，更加主动地加入健身、娱乐行列。因此，健身将成为更多人的一种生活方式，成为一种更为普遍的社会现象。

总的来说，随着人民生活水平的不断提高和余暇时间的不断增多，社会体育将走进更多的家庭，成为人们生活中的一部分；人们将逐步增加体育健身支出，提高体育消费水平。随着社区建设和社区服务的加强与完善，人们体育锻炼的环境与条件将不断完善。休闲娱乐类的体育活动将有更大的发展，社会体育活动更加贴近生活，贴近民众。

（四）社区体育将成为大众健身的主流

社区体育是指人们在共同生活的一定区域内，以辖区的自然环境和体育设施为物质基础，以全体社区成员为主体，以满足社区成员的体育需要，增进社区成员的身心健康，巩固和发展社区成员感情为主要目的，就地就近开展的区域性群众体育。随着社会经济的发展，人们物质生活水平的提高，广大群众自然会对精神文化生活提出更高的要求。而在人们的日常生活中，社区作为最具活力的群众团体，往往在文化体育事业方面存在着一定的共性。这种共性推动了社区文化的繁荣发展，而社区体育作为社区文化的重要组成部分也随之迅速兴起。社区体育是大众健身事业的基础，它的繁荣往往关系到整个大众健身事业的发展。随着城市经济体制改革的不断深入，社区功能的不断提高，人们自身需求的不断增长，居民的体育利益取向将呈多向化、社区化趋势。

（五）大众健身的社会化趋势

在新的历史条件和新的政策下，我国的体育健身运动将成为更加广泛开展的一种社会事业，从而走出一条社会化之路。

一种新型的国家调控、依托社会、服务群众、充满生机和发展活力的大众健身管理体制和良性循环的运行机制，将随着我国社会主义市场经济体制的形成而逐步建立起来。大众健身一直由政府部门包办的局面将逐步被突破；企事业单位、街道办事处、农村文化站和社区仍将在大众健身发展中起到积极的组织作用；各级大众健身指导中心将逐步建立健全起来，培养壮大一支有组织能力和技术水平，面向社会、服务群众的大众健身指导员队伍；社会大众体育组织将会有较大的发展，各种体育协会、俱乐部、辅导站等将会承担起大众健身的大量组织工作；同时大众健身的市场将被培育起来，群众将逐步适应体育娱乐消费，进行体质与健康投资。由此，我国大众健身将出现一个崭新的局面，大众健身的社会化程度也将大大提高。终身体育精神一直是我国大众健身所提倡的体育精神，这一概念也普遍被人们接受，同时也是大众健身社会化程度的集中反映。不同年龄、性别、职业和体质特点的社会成员将以各种不同的方式参与到大众健身中来。

（六）大众健身运动内容将更加丰富

历届奥林匹克运动会的比赛成绩都充分表明，我国的竞技体育发展已经位于世界前列，我国已经是一个体育强国。然而，与此相对应的大众体育的发展却远远落后于发达资本主义国家。随着人民健身意识的增强和政府的大力宣传，大众体育必然成为体育领域的新热点。对于个体来说，他们更讲究锻炼的科学性和现实效果。人们根据自己的工作性质、时间和身体健康状况在进行相关知识的学习或咨询后，制订符合自己要求的体育活动计划，以全面增强身体功能，保持旺盛的精力。而且，随着我国世界体育文化的相互影响和国际交流的增多，西方流行的现代竞技体育项目将逐渐被锻炼者特别是中青年锻炼者所采用，大众健身的内容更加多样化，现在人们更加重视余暇活动内容的选择。大众健身在兼顾传统体育和民族体育内容的基础上将更多选择如跑步、游泳、球类运动、韵律操等。同时发展一些适合国情、具有东方人特色的健身内容体系。另外，体育场馆开放度加大，居民小区健身角、健身路径等锻炼设施的增多，使人们的锻炼内容不断扩充。伴随经济条件的改善，追求自然的生态运动、与旅游相结合的休闲体育将更加盛行，体育比赛和交流表演等活动也将日渐频繁。

（七）学校体育发展迅速

学校是以传授文化知识为主的地方，同时也应该是培养体育人才的摇篮，更应该成为全民健身运动的重要基地。学校特有的体育运动氛围是其他地方所难以比拟的。学生时代是一个人接受各种教育，培养各种兴趣，树立各种观念的最佳时期。学校教育应该充分把握这良好的时机，进行体育健身乃至终身体育意识的培养。以此让学生们及早地坚定人生的体育信念，为日后的终身体育行为打下坚实的基础。对于大学生来说，如果体育只是一种被外在力量强加于身的东西，就不可能激发其自觉锻炼的兴趣,也就不可能使其转化为日常生活中不可分割的一部分,也就很难达到终身健身的目的。另外,应注重培养终身健身能力。以往学校体育以传授运动技能为主,学生在校经过十几年的体育学习后,许多人都不会自我健身,不会运用适当的运动方法,不能掌握适当的运动负荷来达到健身目的导致很多人对健身逐渐失去兴趣,最终告别了身体锻炼。出现这种现象的原因是学校体育教学中忽视了对学生健身能力和习惯的培养。培养体育的锻炼习惯,不仅是一般的学习过程,而且要强调养成锻炼习惯的过程。因此,不仅要在体育课中进行体育教学,还应课内外相结合,校内外配合,共同实施。当学生体育锻炼习惯初步形成后,还应根据他们的实际情况不断提出新的要求,使其逐步得到巩固。总之,学校的体育教育关键在于让广大学生培养一种主动进行体育健身的思想观念。因为主动的健身行为代表了一种积极的体育健身态度,而这种态度是与终身健身行为相吻合的。

(八)大众健身科学化程度将显著提高

随着《全民健身计划纲要》的深入实施,参与体育活动的人将会越来越多,为了提高体育活动的质量,全面提高我国人民的健康素质,必然要提高社会体育的科学化水平。社会体育科学化是发展社会体育和提高社会体育活动质量的前提。《社会体育指导员技术等级制度》和《国民体质测定标准》是促进社会体育科学化的两项基本制度;科学技术将渗透到社会体育的更多环节,运动要讲科学将成为更多人的锻炼共识;社会体育管理与决策的科学化、民主化的程度越来越高;科学技术和人才在体育发展中的地位越来越突出;科技含量高、适应性强的体育健身方法、体育健身器材等将不断涌现;社会体育的信息化水平将有较大幅度提高;社会将出现更多的开具运动处方的保健机构,为人们提供科学健身服务。

此外,我国已形成国民体质测试制度,制定了一套科学实用、简便易行的各种年龄的体质监测标准。国家体育总局会同教育部、卫生部、国家计委等11个部门分别于2000年和2005年进行了两次覆盖人群最广的国民体质监测。通过监测，不仅可以为每个社会成员的科学健身锻炼和开具运动处方提供依据，而且对完善国民体质监测网络，建立国民体质测试数据库，提高社会体育的科学化水平大有裨益。

（九）大众健身的法制化将进一步加强

随着人们法律意识的逐步提高，维权意识的增强，人们将会利用法律武器来维护自身的参与体育活动权利。社会体育的法规制度体系将逐步完善，借以保障全体国民享有基本体育服务。我国的大众体育工作将在更大范围内实现依法行政，依法治体。

20世纪90年代中期以来，我国已颁布了《中华人民共和国体育法》《全民健身计划纲要》《公共文化体育设施条例》《国家体育锻炼标准》《社会体育指导员技术等级制度》《国民体质测定标准》等体育法规制度，与其相配套的法规制度将会进一步完善。例如，社会体育场地设施建设管理方面、社区体育管理方面、体育社团组织的建设与管理方面、社会体育市场建设与管理方面，等等。尽管我国的社会体育达到法治化水平还有很长的一段路要走，但在“科学发展观”的指引下，在构建“和谐社会”的大背景中，社会体育法治化、规范化进程必将加快，借以实现我国社会体育的科学发展。

此外，伴随劳动工时制度的改革，家务劳动社会化程度的提高和交通效率的改善，就业者将获得更多的余暇时间和锻炼机会。社区健身设施的兴建与逐步完善，使居民锻炼更为便利。与此同时，国家制定的以青少年儿童为重点全民健身计划的逐步推行，为学生参加社区体育和消费性体育活动增加了机遇。可以预见，我国体育锻炼者队伍老龄化的现状将逐步得以改善，大众健身参与者的年龄呈现均衡化发展趋势。

综上所述，在全面建成小康社会的进程中，随着我国经济、社会的发展，城乡居民闲暇时间的增加，他们健身娱乐的需求将会彰显。为适应这种发展态势，大众健身作为一种满足居民健身、娱乐的积极健康手段，将会融入每个国民的生活。同时，健身娱乐市场也将会成为我国市场经济的重要组成部分和发展新热点。

二、现代大众健身运动的发展对策

（一）强化各有关部门的职责

首先要强化体育行政部门的组织工作，并充分发挥各级工会、共青团、妇联、各行业和社会各界办体育的积极性，在各级人民政府的领导下，大力发展各具优势和特色的地方大众健身事业。各级体育行政部门要切实把推行大众健身计划作为工作重点，主要领导要亲自抓，统筹规划，研究解决实施中的问题。

（二）各级政府增加对大众健身的投入

各级政府要增加对全民健身的投入，并鼓励厂矿、企业、个人等社会力量资助支持大众健身事业。国家体育总局在继续利用体育彩票公益金抓好大众健身工程建设的同时，实施“雪炭计划”，扶贫帮困。从 2001 年开始，集中一定数量的体育彩票公益金，对三峡库区、革命老区、老少边穷地区和遭受自然灾害严重的地区，援建公用体育健身设施，建设一批具有一定规模和影响的形象工程。

（三）加强以学校为重点的青少年体育工作

各类学校要坚持德智体全面发展的方针，注重学生的身体健康，保证学生每天有不少于一小时的体育锻炼时间，按照教育性、科学性、趣味性、全面性的原则，坚持寓学、寓练于乐，使学生掌握基本的运动技能，养成锻炼身体的良好习惯。加强以乡镇为重点的农村体育工作：要建立以乡镇为龙头，村民委员会为基础，农民体协为纽带的组织网络，大力开展“因地制宜、科学文明”，贴近广大农民的体育活动。加强以社区为重点的城市体育工作:要充分利用社区内各单位人才、资源和场地等条件,建立各类体育协会、健身俱乐部等便于居民就近就便参加体育活动的组织;社区体育要坚持业余、自愿、小型、多样的原则。加强城市街道和农村乡镇体育指导站(中心)建设,做到"有人员、有阵地、有经费、有活动";并建立健全群众体育社会团体和组织,形成社会化的大众健身组织网络。重视军队体育,增强官兵体能,活跃部队文化生活,提高部队战斗力。

(四)对老年人、残疾人体育保持关注

要依托社区开展老年人、残疾人体育,发挥社区体育组织在老年人、残疾人体育活动中的优势。积极为老年人、残疾人提供优先优惠服务。

(五)加强相关法律法规的建设

积极制定社会体育工作、体育社会团体、体育场地设施建设与管理及保障不同人群参与体育活动等方面的法规制度。加强体育法制宣传和执法力度,保障人民群众合法的体育权利。继续加大大众健身宣传工作的力度,各级体育宣传主管部门要推动和协助新闻媒体报道大众健身工作开展情况、典型经验和典型事例,重大活动要集中报道,扩大影响。

施行国民体质监测制度,开展国民体质测定和监测工作,力争将国民体质监测指标纳入国家社会发展综合评价指标,并定期公布国民体质状况,发挥国民体质测定与监测工作的社会效益,争取逐步使国民体质测定标准成为学校和行业招生、招工的基础指标。

(六)积极推进群众体育科技进步

在继续开展国民体质检测系统研究基础上,有针对性地进行科学健身方法和手段的研究。重视群众体育研究成果的推广、应

用与普及工作，反对伪科学。加快培养社会体育指导员的步伐，不断扩大队伍，对在营利性体育健身场所从事体育组织和指导工作的人员，逐步实行职业资格证书制度。

（七）加快体育健身场地设施建设和开放

地方各级人民政府要集中一定财力与物力，有计划地建设社区、乡镇和居民区公共体育设施。全国公共体育场馆设施要做到全部用于开展大众健身活动，有条件的学校做到体育场馆在课余时间向社会开放。

第四章　大众健身科学发展的保障体系研究

在今天，我国的大众健身活动蓬勃开展，多种多样的运动项目包罗其中，极大丰富了人们参与运动的选择。因此，我国的大众健身真正做到了适合各个年龄阶段的人士参与。然而，由于我国民众的体育运动基础相对薄弱，许多健身活动的参与有失科学性和系统性，这就给大众参与健身活动埋下了些许隐患。为解决这一问题，对大众健身科学发展的保障体系进行研究就显得很有必要。

第一节　大众健身的科学理论与方法指导

一、大众健身的重要性与科学性

健身的重要性早已被现代人所共知。不过，人们对于参与运动的一些行为和习惯是否科学，就很少有人真正了解了。不科学的健身不仅不能起到强身健体的作用，反而会起到反作用，危害人的健康，甚至导致死亡。早在公元前 400 年，古希腊医学家希波克拉底(Hippocrates)就曾提出“阳光、空气、水和运动，是生命和健康的源泉”。如今，随着我国人民经济水平的不断提高，健身不再仅是维护健康的重要手段，也成为一种生活的时尚。现代社会中的物质普遍可以使大多数人感到满足，在此情况下，人们将提升生活质量的眼光放在了自身的身体健康方面，那么，参与形式众多的体育运动无疑是保持身体健康的方法，这是社会发展到一定阶段后人们自然会产生的想法，也就是说，大众体育的蓬勃发展是社会发展到一定水平的标志。

目前，大众的健康意识在不断提升，但真正把健身运动作为促进健康方法的意识还不够。因此，在参与健身的人群中，往往局限于中老年人，特别是已经患上慢性病的中老年人。许多中青年人以工作忙、时间紧为由，很少参加健身运动。应该注意的是，不良的健康行为具有积累性，如嗜酒、熬夜、不良性行为等，这些都为身体健康水平埋下隐患。反观运动，它也存在一定的积累性和习惯性，当人经常参与健身活动后，就更加乐于保持这种习惯，身体的状态也会随之保持得较好。

从大众健身的科学性角度出发来看，对于健身的人群锻炼的科学性首先应该考虑以下几个问题。

(1)每个健身者怎么根据自己的健身目的来选择运动项目，怎样控制健身活动中的运动量和合适的运动时间。

(2)每一个健身的个体是否知道自己的身体状况，如是否有潜在的骨关节疾病或退行性改变、器官机能水平低下或疾病等。

(3)每一个健身指导者能不能给予健身者科学的指导，并且要保证运动的安全性，避免出现运动伤害事故。

上述三个问题是健身者需要考虑清楚的，这为自身选择正确的运动，做出正确的运动负荷安排都起到重要的作用。在实际生活当中，每个人的身体条件以及客观条件都在不断变化，对于健身的个体，健身计划是具有阶段性特征的，不是一成不变的，也没有一种运动项目可以锻炼到所有的身体机能。

大量的研究已证实，长期有规律的健身运动可降低由静态生活方式引发的肥胖症、心血管疾病、颈腰椎疾病等的发生，增强体质，提高身体的活动能力和促进健康。这种健身效应是建立在科学、长期、适合个体的健身运动方案的基础上，是为个人量身定做的“运动处方”。

由此可见，如何科学地从事健身运动，使机体最大限度地保持或提高机能水平，使某些疾病得到有效的防治以及达到最佳的健身效果是体育科研工作者值得关注的研究课题。

二、大众健身运动处方的制定与实施

（一）健身运动处方的基本构成要素

1. 健身目标

健身目标是每个参与大众健身运动的人所追求的。健身目标是健身者参与健身运动最直接的动机。它是指导确定运动处方种类及制定运动处方的中心。健身目标是多种多样的，每一个运动处方都具有主观性和客观性健身目标，主观性主要表现为对运动的兴趣爱好，是以情绪为核心的主观意愿需要，它决定健身者从事健身运动是否能持久。基本上参与大众健身的人其健身目标有几种，如社交需要、健体需要、寓教于乐、休闲放松等。而客观性主要是健康状况、疾病程度及身体的活动能力等身体客观状况产生的需要，是把运动作为满足身体健康需要的一种手段。

就我国参与大众健身的民众来说，通过访谈，可以了解到他们中大多数人参与健身的目标为提高和改善健康状况，预防慢性病（运动不足性疾病）的发生、改善慢性病患者的健康状况，这也是全民健身的最基本目标。

健身目标的确立是制定运动处方的前提。耐力运动处方的主要目的可以是提高心肺功能、减肥、调节血脂、防治动脉粥样硬化、控制和降低血压、降低血糖或减缓胰岛素抵抗等。力量和柔韧性运动处方的目的可以是增强某块肌肉或某一肌群的力量、增加某一部位的肌肉体积、增加某些关节的活动范围、增加胰岛素的敏感性、防治骨质疏松和关节疾病等。在康复锻炼运动处方中，首先要考虑康复锻炼的最终目的，如达到可使用辅助器具行走、恢复正常步态、恢复正常生活能力和劳动能力、恢复参加训练和比赛的能力等。在近期目的中，应规定当前康复锻炼的具体目标，如增加某个或某些关节活动范围至多少、增加某块或某一肌群的肌肉力量、增加步行的距离等。

2. 健身方式

运动健身实践告诉我们，没有一种健身方式可以实现锻炼全身各个部位机能的效果。因此，要想达到全方位锻炼身体的目的，在制定健身运动处方时就需要选择至少三种主要的健身方式，并且应该包含有氧运动、抗阻力运动和伸展运动。

有氧运动在健身运动中属于最基本、最常见的运动方式。有氧运动对于大众健身的最大作用在于它可以显著锻炼人的心肺功能、改善和提高人体循环系统机能、预防心血管疾病和肥胖等文明病等。在大众健身运动项目中最常见的有氧运动包括健步走、慢跑、自行车骑行、登山、游泳等。现代有氧运动有更加注重户外环境条件的因素的趋势，如健步走、慢跑、自行车骑行以及登山等，都是在户外进行，依山傍水的环境给有氧运动赋予了更高的“境界”，普遍受到人们的喜爱。

抗阻力运动主要是增强力量，提高身体平衡能力和肢体的功能，预防骨质疏松症和延缓衰老。增强肌肉力量和肌肉体积主要以大强度的肌力练习为主，如杠铃、哑铃。提高身体的平衡能力和塑形主要以中小强度的肌肉耐力训练为主，如健身球、弹力带、普拉提以及自身重量的力量训练。

伸展运动的作用主要是对于关节与韧带部位的，这对于发展人体的柔韧素质有较大帮助。通过伸展运动可以增加关节活动幅度、肌肉关节的伸展度，除此之外还能预防颈腰部疾病和由肌肉僵硬引起的疼痛等。

3. 运动强度

运动强度，也称为“运动负荷”。运动强度，是指单位时间移动的距离或速度,或肌肉单位时间所做的功。运动强度对于运动处方的制定是非常关键的构成要素。在运动处方中,如果对于运动强度的制定出现失误(或多、或少),则直接影响运动健身的效果甚至关系到健身者的安全。过低的运动强度不能实现运动目标,而过高的运动强度可能会使运动者过于疲惫,增加出现运动性伤病的概率。有氧运动中的运动强度可以用 VO_2、METS、HR 与 RPE 等方法确定,抗阻力运动强度取决于给予阻力或阻力的负荷重量,用 RM 表示。

为了将运动处方中的运动强度制定得较为合理,主要应该考虑周全以下要素。

第一,健身者是否患有疾病,特别关注是否患有哮喘、心肺功能或代谢性疾病等。

第二,健身者实施运动处方前的初始身体状态以及其对运动强度的适应能力如何。

第三,对于平日缺乏运动的、以静态生活方式为主的以及处在疾病患者康复阶段等的人群,在为其制定运动处方时的运动强度通常应先从下限开始,以后逐步视情况加强。对于经常参加运动的人群,运动强度应选择推荐强度范围的上限以改善和维持他们的身体活动能力和机能水平,这个制定可以适当听取本人的意见。

第四,是否服用了影响心率的药物。

第五,运动强度的设定应当与健身者的健身目标一致。

4. 运动时间

运动时间是组成运动量的重要因素。在持续的周期性运动中,运动时间与运动强度的乘积就是一次运动的运动量。从这就可以看出,并非单纯地通过判断运动时间的长短就能认定运动量。而运动量则是取得健身效果与安全性的关键。只有当运动强度恒定后,增加运动时间才能起到增加运动量的目的。

对于运动时间的掌控也是制定运动处方的关键。运动时间过短，对机体不能产生足够的刺激而达不到应有的效果；运动时间过长，可能使机体承受过量的负荷，造成疲劳积累出现运动伤害。因此，根据个人的具体情况、健身目的及运动强度来设置能引起机体产生最佳效果的运动时间，以每次运动时间积累能达到健身目标为度。

在力量运动处方和柔韧运动处方中，则需要规定完成每个动作的重复次数、每组练习所需要的时间、共需要完成几组，以及两组的间隔时间等。

5.运动频率

在大众健身领域中，所谓的运动频率主要指的是每周锻炼的次数。人们参与大众健身要想取得理想的效果，就需要将健身行为演变为融入自身生活的、长期的组成部分，保证周运动频率稳定、长期。这主要是因为运动效果是在每次运动时对人体产生良性作用的逐渐积累中表现出来的，这是一个由量变到质变的过程，如果不能长期坚持固定的运动频率，认为少一次运动对整体计划无关大碍，那么这就必然会大大降低健身效率，不利于已获得的健身效果的保持。运动训练的超量恢复理论也告诉我们如果在一次运动后，运动对机体的良性作用完全消退后再进行第二次运动，则前一次运动的效果不能被积累；而在一次运动后，运动对机体的良性作用还没有表现出来，即上一次的运动疲劳还未消除时进行第二次运动，则会出现运动疲劳的积累。以上两种运动频率都不能取得良好的效果。因此，运动频率也是决定健身效果的一个重要因素。运动频率的确定应该根据健身目的和身体状况不同而区别对待。

6.其他注意事项

每位参与运动健身的个体都有不同的身心状态，因此，为保证他们的运动安全，除了应将上述运动处方制定的基本构成要素安排妥当外，还应做好其他注意事项工作。例如，对患有哮喘病的患者在参与运动时要时刻要求他们关注自身状况，不要参与过于激烈的对抗性运动，另外还应随身携带快速治疗哮喘发作的药物。这点对于中老年运动者来说也是适用的。另外，还要注意健身运动的时间段，即一日运动的时机。高血压患者不宜在早晚而宜在白天健身，心血管患者或中年、老年人应避免在早晨8点以前健身，胰岛素依赖性糖尿病患者应避免在清晨空腹时健身等。

（二）健身运动处方的制定

1.深入了解健身者的初始健康状态

对于健身者的初始健康的状况的了解是非常重要的，它是运动处方初始阶段的水平的决定依据。对于健身者的初始健康状态可以通过自述或调查问卷的方式进行，包括了解健身者的现病史、既往病史及生活习惯，特别是心血管、肺部和代谢性等方面疾病的主要症状和体征。主要内容如下。

（1）因心肌缺血引起的胸颈部疼痛或不适。

（2）休息或中等体力活动时呼吸困难。

（3）晕或晕厥。

（4）端坐呼吸或突发性夜间呼吸困难。

（5）脚踝水肿。

（6）心悸或心动过速。

（7）间歇性跛行。

（8）已知的心脏杂音。

（9）异常疲劳等。

心血管、肺部和代谢性疾病的主要医学诊断：冠心病、心绞痛、心肌梗死、末梢动脉疾病、中风（脑卒中）或过性脑缺血、冠状动脉支架植入、冠状动脉搭桥、高血压、高血压性心脏病、风湿性心脏病、慢性心瓣膜病、瓣膜置换术、心脏起搏器或（和）去纤颤器植入、哮喘、肺气肿、气管炎等肺部疾病、肺心病、糖尿病、深部静脉血栓或栓塞等。问询有无心脏病、肺部疾病、代谢疾病、中风和猝死的家族史；有无新的医学诊断或外科手术的现病史；有无关节炎、关节肿胀或者其他引起行走或测试中移动困难的问题；有无吸烟、饮酒或其他特殊嗜好。

2.健身者的生活状态与习惯

在制定运动处方前需要了解健身者的生活状态与习惯。生活状态主要是了解其日常的工作模式、作息时间、工作强度以及个人爱好等。这些个人信息有利于了解其生活中体力活动状态和参加健身运动的情况，为确定运动处方中的运动量提供信息。除此之外，还应对健身者的运动情况进行相关了解，具体包括参加健身的运动方式、运动频率、每次健身的时间、运动中的主观感觉、有无运动强度的控制和监测，以及有无运动伤病的发生和是否进行过健身测试和测试结果的评价。通过运动相关信息的收集有助于了解运动者的基本运动素质。

3.运动处方的内容制定

运动处方是一个指导运动健身者系统科学地参与运动健身活动的指导性文件，因此，了解运动处方制定的内容就很有必要。一个好的运动处方能够显示出诸多运动参与方案，除此之外还能显示出更多与运动参与者有关的健身信息。制定运动处方之前，需对健身者进行问卷调查，对健康状况、身体活动能力等进行了测试和评价后，以此为依据制定运动处方的内容。一份运动处方的内容应包括以下内容。

（1）健身者的基本信息。包括姓名、性别、年龄；健康状况询问；健身者危险分级。

（2）初始测试评价结果。包括静息心率、血压、血常规指标、台阶指数、1分钟仰卧起坐、体脂（%）、BMI、腰臀比（WHR）、坐位体前屈等。

（3）健身目的。

（4）健身方式。

(5)运动强度。THR:最大心率______次/分钟;运动最高心率______次/分钟;运动最低心率______次/分钟;RPE ______。

(6)运动频率:有氧运动:每周_______次;每次_______分钟。

(7)准备活动项目________,准备活动时间________,心率________次/分钟。

(8)整理活动项目________,心率恢复时间________分钟。

(9)注意事项。

(10)健身结束后自我感觉:睡眠________,食欲________,精神状态________。

(三)健身运动处方的实施

运动处方制定完成后,健身者应开始参照处方中的要求,如运动周期、运动时间、运动项目、运动强度以及其他要求严格执行。当然,随着健身者参与锻炼,他的体质也在慢慢发生着变化,这种变化促使需要定期为健身者的健身效果进行测评,测评的结果用来作为完善运动处方的依据,以利于下一阶段的处方制定工作。所以,有效的运动处方在制定后不是一成不变的。

健身运动处方的实施过程,通常由三个部分组成,即准备部分、训练部分和结束部分。

1.准备部分

在运动处方中,准备部分是不可或缺的组成部分。在这个部分中健身者需要做好充足的准备活动(热身活动),为即将开始的主体部分做好准备。在实际中,我国大众健身者或多或少并不注重准备活动,这是一种思想认识上的错误,他们通常认为准备活动没有必要,浪费时间。这需要在日后有所改观,如此才能体现出大众健身的科学性。

准备部分的时间一般在 10～15 分钟为宜。准备活动的形式可根据健身者的年龄、身体活动能力等情况适当选择。常见准备部分的形式通常有两种,即有氧运动和伸展运动。应注意的是,有氧运动的强度应比训练部分的强度低，以调动心肺功能从静到动、提高中枢神经、肌肉组织的兴奋性和机体体温为目的，现代花样众多的体育游戏是准备部分的好选择。而伸展运动多以动态伸展为主，以增加关节的活动范围和肌肉韧带的伸展性。

2. 主体部分

主体部分是运动处方中的基本部分，该部分占用的时间最长，内容最丰富。对于拥有不同健身需求的人来说，他们在主体部分中的健身时间也不同，如减脂的人群，在主体部分要包括有氧运动和抗阻力运动，健身所需时间较长，通常可达到一个多小时，而选择健身跑运动的人则不需要这么长的时间。再如强壮体型的人群主要是抗阻力运动，他们的训练时间相对比减脂人群短些。

3. 结束部分

结束部分是运动健身的最后环节，它的作用在于使运动者的身体机能由运动状态逐渐恢复到相对安静状态的过程。结束部分的形式主要是放松运动，抖手抖腿，原地踏步等，除此之外还有一些静态伸展和放松等的身体动作也可以被用作结束部分的放松活动。通过结束部分可消除疲劳，加快代谢产物的清除。为了配合机体恢复，在结束部分结束一段时间后，还可以用适当的营养补充的形式配合机体的疲劳恢复。

第二节　大众健身的医务监督

一、大众健身中运动性损伤的防治方法

（一）挫伤

挫伤，是指某身体部位受到外界暴力的直接打击而造成的运动损伤。挫伤一般有受伤部位疼痛、浮肿、有瘀血等症状，如果挫

伤严重，会破坏其他器官及组织的完整性。

1.手指挫伤

手指挫伤常见于健身、排球等运动，例如在健身运动中，健身者手的动作不正确或手指过于紧张伸直会使手指挫伤。

损伤症状：受伤手指及周边范围有明显肿胀且伴有强烈疼痛，这种痛感会因为压迫而增大，伴随手指功能障碍。

处理方法：手指挫伤的快速处理方法为用冷水冲淋。通常休息一段时间后疼痛可减轻，几天后痛感消除，能做屈伸动作。

2.面部挫伤

健身运动中，面部被他人头、肘顶撞或身体摔倒面部着地容易挫伤，甚至发生眉区裂伤等面部损伤。

损伤症状：

(1)临床上都有急性外伤史。

(2)凡挫伤，局部有轻度肿胀，且逐渐加重。

(3)若眼眶挫伤、眉区裂伤，伤后 2～3 天肿胀明显，眼裂变小，甚至眼睛不易睁开。

处理方法：

(1)凡挫伤，24 小时内局部冷敷，24 小时后热敷，促进消肿和皮下瘀斑的吸收。

(2)凡裂伤，伤后 6 小时内清创缝合，伤后 24 小时内用破伤风抗菌素，预防破伤风杆菌感染。

(3)骨折、牙齿断裂者，需去专科医院诊治。挫伤伴有骨折的应先处理骨折。对创伤性滑膜炎应加压包扎，用夹板或石膏固定 2～3 周。伤后 3～5 天可以进行理疗、按摩、外敷中药等治疗。

(二)肌肉损伤

1.肌肉拉伤

拉伤通常是由于外力作用导致的肌肉过度主动收缩或被动

拉长致伤。一般地,运动前的准备活动不充分,动作不协调,训练方法不得当等都容易造成拉伤。

以大腿后部屈肌拉伤为例,具体分析如下。

当肌肉主动收缩或被动拉长超出其所能承担的能力时,就会容易出现大腿肌肉拉伤。造成这种情况的原因可能为准备活动不充分、用力过猛、体能耗竭、不规范的技术动作、气温过低等。该肌群训练不足,肌肉弹性、伸展性差,肌力弱是发生损伤的内在因素。

损伤症状:

(1)有明显受伤动作和受伤过程。

(2)局部疼痛,伴有肌肉紧张、僵硬,肿胀处可伴有瘀血。

(3)患者做肌肉主动收缩和被动牵伸动作时,局部有明显压痛,受伤肢体有功能障碍。

(4)发生肌肉断裂者,在肌肉断裂部可触摸到凹陷或出现一端异常膨大,或呈“双峰”畸形。

处理方法:

(1)肌肉微细损伤或伴有少量肌纤维撕裂者,伤后应立即给予冷敷,局部加压包扎,休息时应抬高患肢。

(2)24～48小时后可开始理疗和按摩,按摩时手法宜轻柔,伤部仅能做些轻推摩,伤部周围可做揉、捏、搓等,同时配合点压穴位(宜取伤周穴位)。

(3)如肌肉大部或完全断裂者,在局部加压包扎并适当固定患肢后,应立即送往医院诊治。

2.肌肉痉挛

运动性肌肉痉挛,俗称“抽筋”,它的发生因素有很多种。人体的腓肠肌、足底的屈拇肌和屈趾肌最容易发生痉挛。肌肉痉挛常发生于长跑、足球、游泳、举重等运动时间长、运动强度大的运动过程中。通常是由于大量出汗致使体内电解质失衡、肌肉收缩舒张失调、外部冷刺激等原因导致的。例如,在田径运动中,剧烈的运动会导致肌肉快速连续性收缩，导致肌肉收缩与放松的协调交替关系破坏，特别在局部肌肉处于疲劳时，有大量的乳酸堆积，更易发生肌肉痉挛；运动中大量排汗，使电解质丢失太多，也易发生肌肉痉挛；还有的因准备活动不够，或因情绪过于紧张，也会引起肌肉痉挛。

损伤症状：当机体的某部位发生肌肉痉挛时会出现剧烈的疼痛，局部肌肉变硬，可持续数分钟，缓解后易复发。

处理方法：

(1)牵引痉挛的肌肉通常可使之缓解。不太严重的肌肉痉挛，只要向相反的方向牵引痉挛的肌肉，一般都可以缓解。注意牵引时不可使用暴力，用力宜均匀、缓慢，以免肌肉被拉伤。不同部位的肌肉痉挛会有不同的处理方法。

①上臂肌肉痉挛：握紧拳头，最大幅度屈肘，然后用力伸直上臂，重复做几次即可。

②手指肌肉痉挛：将五指收缩握紧成拳，然后用力伸展五指，反复几次即可。

③大腿肌肉痉挛：将产生肌肉痉挛的大腿弯曲，同时弯曲膝盖，然后双手用力抱着小腿，尽可能使小腿贴在大腿上做振频动作，最后向前用力蹬直。

④小腿肌肉痉挛：将产生肌肉痉挛的小腿伸直，然后用手向里掰脚拇指，保持这个动作直至小腿恢复正常即可。

⑤足底部屈肌、屈趾肌痉挛，可用力使足和足趾背伸。

(2)牵引肌肉过程中，还可配合局部按摩，重力按压、揉捏和点掐或针刺痉挛肌肉的相关穴位。例如，腓肠肌痉挛时，可点掐或针刺委中、承山、涌泉等。

(3)严重的肌肉痉挛有时需采取麻醉才能缓解。处理过程中需要做好保暖。

(三)关节损伤

1.肩关节损伤

肩关节损伤，是指肩关节的反复旋转或超常范围的活动，引起了肩袖肌腱和肩峰下滑囊受到肱骨头与肩峰或喙肩韧带的挤压、摩擦和牵扯。肩关节损伤主要发生在转肩动作中。

损伤症状:肩部疼痛,伴有肩部活动障碍。

处理方法:

(1)运动中如果发生肩关节损伤,应及时停止练习,将上臂抬起,适当休息。

(2)采用按摩(推、揉、搓、滚等手法)、针灸、封闭与理疗,效果等方法,然后适当上拉肩部和上臂以锻炼肩关节。

(3)肩关节损伤严重,甚至肌腱断裂,需要及时将伤者送往医院做深度检查与处理。

2.肘关节内侧软组织损伤

肘关节内侧软组织损伤多在对抗争抢类运动中发生,要预防此类损伤,关键在于加强前臂屈、伸肌群的力量练习,可经常使用弹簧拉力器发展前臂肌群力量和腕、肘关节的控制能力。另外,在运动前应进行3～5分钟的前臂屈肌群静力性牵拉练习。

损伤症状:

(1)伤患最为多见的是内侧韧带撕裂伤,严重受伤时往往合并其他组织的损伤,如尺侧关节囊撕裂、肘脱位等。

(2)受伤后肘关节尺侧疼痛、肿胀,关节功能障碍,肘内侧有明显的压痛点。

处理方法:

(1)现场用氯乙烷喷湿局部后压迫包扎,前臂旋前、肘屈90°位,用托板或三角巾固定于胸前,冰袋敷局部。

(2)受伤一周后,配合临床治疗,逐步开始康复训练。主要目的在于防止关节粘连和逐步增强前臂肌力。练习中,应采取保护措施,如使用护肘、粘膏支持带等;同时,避免重复受伤机制的动作,阻抗负荷也应逐步增加。

3.肘关节脱位

肘关节脱位,又称“脱臼”,多因受外力作用使关节失去正常的连接。肘关节脱位时会有剧烈疼痛感，关节周围出现显著肿胀，关节功能丧失。有时伴有肌肉痉挛，严重时会出现休克。一般来说，肘关节脱位多因倒地时前臂保护性外展、外旋、后支撑所致，其中后脱位最常见。

损伤症状：伤后局部疼痛，关节畸形，功能障碍。

处理方法：

（1）现场急救可进行氯乙烷局部麻醉降温，绷带包扎，依肘受伤后的肢体位（角度）托板固定，用三角巾挂于胸前，冰袋继续敷局部。

（2）伤后第二天即可开始做握拳、转肩练习，以促进前臂的血液循环，有利于消肿。去固定后，坚持进行肘关节的伸屈和前臂旋转运动，防止和松懈损伤后的关节粘连。肘伸屈训练时，动作的幅度必须适可而止，逐渐加大，直至恢复到原有的角度，切忌大力扳拉，以防发生骨化性肌炎，这是康复训练的关键环节。

4. 踝关节扭伤

踝关节扭伤属于关节韧带损伤，多由踝关节过度内翻或外翻而导致的踝关节内、外侧韧带受损导致。

损伤症状：发生扭伤时，伤者伤处疼痛、肿胀，韧带损伤处有明显压痛，皮有下瘀血。

处理方法：

（1）暂停运动，冷敷，加压包扎，抬高患肢。24 小时后可以进行热敷和按摩。

（2）严重的扭伤或怀疑有韧带撕裂时，应及时就医。

5. 髌骨劳损

髌骨劳损一般是膝关节长期负担过重或反复损伤积累而成的。具体可以被称为“髌骨软骨病”和“髌骨张腱末端病”，这两种损伤的原理及症状大体相似，故将其统称为“髌骨劳损”。髌骨劳损的发生主要是由于膝关节长期负担过度或反复的微细损伤积累而成,但因一次直接外伤(髋骨部冲撞或牵扯)也可能发生。前者往往是由于不合理的训练安排,不注意发展局部肌肉力量等原因所致。

损伤症状:损伤后,膝关节酸软疼痛,髌骨压迫痛,单足半蹲时有痛感。少数患者长期不敢用力可使肌肉萎缩或有少许关节积液。髌骨劳损发生后的即刻,会出现膝软与膝痛感。在早期,髌骨劳损只出现在大运动量训练之后,然而不适感会随着休息逐渐消失。一般膝痛常在活动开始以后减轻,运动结束后又加重,休息后又会减轻。膝痛或膝软与技术动作有较大的关联,其主要表现出来的是在出现半蹲动作时产生痛感,如日常生活中上下台阶的动作等半蹲状态动作,均会出现疼痛腿软无法发力,甚至在坐下前因不能吃力会跌倒。严重时走路和静坐时也痛。不少病例关节酸痛程度,还与气候变化有关。

(1)髌骨压迫痛,患者膝伸直,股四头肌放松,脑后垫一小枕或检查者一手托垫,一手掌放于髌骨上,向垂直方向压迫或两侧方、上下错动按压,髌骨下出现痛者即为阳性。

(2)髌骨周缘指压痛,患者伸膝并放松股四头肌,检查者一手将髌骨两侧方或下方推起,用另一手摸压髌骨周边,痛感明显的即可判定为阳性。

(3)髌骨边缘有增厚现象或出现条索状物、髌骨尖延长、股四头肌萎缩、髌骨长角以及关节积液等也可判定为髌骨劳损。

处理方法:

(1)按摩疗法。在膝关节周围广泛做一般的按摩,即推揉和长时间揉捏股四头肌,然后用单手或双手拇指刮痛点或用手掌按压髌骨。也可结合中药外敷,针灸等方法进行治疗。

(2)药物治疗。中药渗透药外敷或关节腔内注射药物,不过注意这种方式不宜经常性使用。

(3)加强膝关节肌群力量练习(如高位静力半蹲),每次3～5分钟,每日1～2次。

6.跟腱断裂

跟腱断裂足部表面无异常现象但有剧烈撕裂疼痛，丧失足部活动能力，是一种非常严重的运动损伤。

损伤症状：伤后即跟腱部有强烈的疼痛感，影响功能活动。

处理方法：发生跟腱损伤，应快速用冷水、冰块冷敷，固定踝关节，抬高患肢，送医院处理。

（四）腰部损伤

1.急性腰扭伤

腰部扭伤是腰部软组织的损伤。腰部急性损伤包括肌肉、韧带损伤及关节扭伤等，90％发生于腰骶部和骶髂关节。一般来说，较多发生在提起重物等动作时。具体损伤过程为在弯腰展髋、伸膝的提重发力时，骶棘肌的力量不足以支撑动作的完成，或者重物的重量在预想之外，如此引起骶髋部肌肉、筋膜或韧带撕裂。另外，运动动作超越脊柱活动范围也是急性腰扭伤等多种腰部损伤的缘由。

损伤症状：受伤局部有较明确的压痛点，伤后脊柱发生生理性变形，如弯曲度改变或出现侧弯；弯腰时腰部出现疼痛且屈度减小或相应部位肌肉痉挛。在行走时，受伤一侧不敢发力，影响正常行走活动，即便是在坐位时，受伤一侧仍不能正常活动和弯曲。

处理方法：

（1）受伤后应尽量让患者平卧休息，冷敷患处。不建议盲目使用按摩手法治疗。

（2）伤后第二天，可逐步开展腰、腹肌力量练习为主，注意循序渐进，缓慢加量。练习结束后应特别注意放松腰部肌肉，如经常性地自我腰部按摩。

2. 腰肌劳损

通常，如果个体在患有急性腰扭伤后并未根治，并且腰部的活动量和负荷量仍旧未减，久而久之形成了腰部肌肉、筋膜、韧带等组织的慢性损伤。

损伤症状：伤者经常出现腰部酸、胀、痛等症状，特别是在进行完高强度、大运动量训练后酸痛感更为突出，这种不适感甚至还会放射至腰部周边部位，对生活也会产生一定影响。腰肌劳损在腰部有明显的压痛点，同时在直抬腿试验中呈阳性。

处理方法：

(1)增加腰部、腹部的力量素质训练，以使新增的肌肉纤维代偿伤患局部肌力的不足，力量训练的动作可以为“拱桥架势”和负重仰卧举腿等，在实践中，这几种动作有显著效果。不过需要注意的是，要严格注意对腰腹部情况的监控，训练中不要出现疼痛和肌肉痉挛，结束训练后要做好相应的放松活动。

(2)安排以改善局部血液循环为主要内容的训练，效果较好的动作如仰卧抱膝、膝胸卧展等。练习时间通常为 3～5 分钟。训练要本着循序渐进，逐渐加量的原则进行，以防止局部出血或再度拉伤而影响疗效。损伤发作期间，应暂停训练，以免损伤加重。

(五)骨折

骨折多是在运动时受到直接或间接的外界力量撞击而造成的。

损伤症状：骨折发生时可感到明显的疼痛，患处肿胀，肢体失去正常功能。严重时还伴有出血和神经损伤，发烧及突发休克。

处理方法：

(1)应用夹板或其他代用品固定伤肢。切忌随意移动肢体。

(2)出现休克，应对患者实施人工呼吸。

(3)有伤口出血者，应先止血，并送往医院治疗。

二、大众健身中运动性疾病的防治方法

（一）运动中腹痛

运动中腹痛是指运动员在运动中因生理和病理原因而发生腹部疼痛的一种疾病。通常是由于准备活动不充分，胃肠痉挛，腹直肌痉挛，呼吸紊乱等原因造成的。

1. 症状表现

安静时不痛，运动中或结束时腹痛。一般无其他伴随症状。腹痛的部位常与病变脏器的位置有关：肝胆疾患或郁血，多表现为右上腹痛；脾郁血多表现为左上腹痛肠痉挛、蛔虫病多表现为腹中部痛；胃十二指肠溃疡、胃炎，多表现为中上腹痛；呼吸肌痉挛多表现为季肋部和下胸部锐痛；阑尾炎在右下腹疼痛；宿便多表现为左下腹痛。

2. 预防措施

在参加健身运动前做好准备活动，健身活动内容和活动时间安排合理。运动中要注意呼吸节奏，宜进行深呼吸。如运动时发生腹痛，应放慢运动速度，减少运动量，轻轻按揉腹部，待疼痛缓解或消失后再逐步加快速度。在运动前不宜进食、饮水过多。餐后休息一小时后再进行运动。夏季运动要适当补充盐分。加强身体训练，增强心肺机能，提高机体的适应能力。

3. 处理方法

运动中发生腹痛时，一般只要减低速度，加深呼吸，用手按压疼痛部位（或弯着腰跑一段），疼痛即可减轻，以至消失。如疼痛仍不减轻，甚至加重，就应停止运动。炎热天气时，口服十滴水或普鲁苯辛（每次 1 片），针刺或用手指点揉内关、足三里、大肠俞等

穴位,都能缓解腹痛,可以试用。若为腹直肌痉挛,则可进行局部按摩,如果上述措施不见效,就应请医生处理,以防有腹部外科急症误诊而延误病情。

(二)运动性低血糖

空腹时血糖浓度低于50毫克/分升的一种症状即为低血糖。运动性低血糖在足球运动中比较常见。大都是因为长时间剧烈运动后,体内血糖的大量消耗和减少可造成运动性低血糖。或者是运动前饥饿,肝糖原储备不足,不能及时补充血糖的消耗导致运动性低血糖。另外还可能是因为交感神经活动增强和反应性肾上腺素释放过多,及中枢神经功能障碍可致低血糖。

1.症状表现

轻者倦怠(进食前特别明显),心烦易怒,面色苍白、多汗或冷汗,身冷,体温低,心跳快速,呼吸浅促,眩晕,头痛,视力模糊,迅速或强烈的饥饿感等;重者视物模糊、焦虑、定向障碍(如返身跑)、步态不稳、出现幻觉、狂躁、精神失常,最后意识丧失、昏迷。部分患者诱发脑血管意外、心律失常及心肌梗塞。

2.预防措施

运动前检测血糖两次,每隔30分钟检测1次。合理安排运动量,每天的运动时间及运动量基本保持不变。大量运动前适当进食,不空腹参加长时间的剧烈运动。有低血糖症特别是患有糖尿病的人,宜少食多餐。

有平时缺乏锻炼的大学生,或患病未愈及空腹饥饿时,不要参加长时间的健身运动。

3.处理方法

使病者平卧、保暖。神志清醒者可饮浓糖水或吃少量食品,一般短时间内即可恢复。不能口服者,可静脉注射50%葡萄糖

40～100 毫升。昏迷不醒者，可针刺人中、百会、涌泉、合谷等穴，并迅速请医生前来处理。

（三）运动性中暑

运动性中暑是中暑的一种，由运动导致或诱发，指肌肉运动时产生的热超过身体能散发的热而造成运动员体内的过热状态。大都是因为在炎热的天气下长时间进行健身运动；身体疲劳、失眠、失水、缺盐；对高温环境适应能力差导致。

1. 症状表现

早期有头晕、头痛、呕吐现象。逐步发展为体温升高，皮肤灼热干燥。严重者可出现精神失常、虚脱、痉挛、心率失常、血压下降。过于严重的，甚至会昏迷，危及生命。

2. 预防措施

合理地安排训练和比赛的时间，夏季避免在上午 9 点至下午 4 点期间运动，多休息。运动中适当饮用防暑降温的饮料；运动后注意补充适量的糖盐水。加强医务监督，合理选择运动服装与保护装置。了解运动性中暑的相关知识，及时检查身体反应、调整运动强度。

3. 处理方法

当有先兆或轻度中暑时，应迅速撤离高温环境，至通风阴凉处休息，解开衣领，并服用清凉饮料、浓茶、淡盐水和解暑药物等。对病情较重的患者，应立即移到阴凉处，让其平卧。根据不同的病情，分别处理：中暑痉挛时，牵伸痉挛肌肉使之缓解，并服用含盐清凉饮料；中暑衰竭时服用含糖、盐饮料，并在四肢做重推按摩。症状重或昏迷患者，可针刺人中、涌泉、中冲等穴，并应迅速送往医院进行抢救。

第三节 大众健身效果的科学测评

一、对大众体适能的测评

(一)体适能的构成

人体体质的内涵非常丰富,涉及的内容也较为宽泛。体适能作为反映人体体质的重要水平评判标准,在近年来得到了众多学者的关注。体适能是由健康体适能、技能体适能和代谢体适能构成。其中每种体适能都有针对性地反映人体不同的技能状态,下面对这三种体适能进行细致阐述。

1. 健康体适能

健康体适能是与健康有密切关系的体适能,反映人体最基本的机能能力,是指心脏、血管、肺和肌肉发挥最理想效率的能力。它不仅是机体维护自身健康的基础,而且还是机体保证以最大活力完成日常工作和降低慢性疾病危险因素出现的条件。主要内容包括身体成分、有氧适能、肌肉适能和柔韧度。

(1)身体成分

身体成分,是指肌肉、脂肪、骨骼及其他组成机体成分的相对百分比。对于日常的身体成分评判来说,主要是对其中的脂肪占比进行评判,理想的健康体适能应有适当的体脂百分比,这个比例不能过高,也不能过低。保持适宜的身体成分对于维护身体健康、维持正常生理机能以及预防疾病都有重要的作用。体脂过高会导致肥胖出现,如此不光会在外在形态上有不利影响,更重要的是肥胖会连带诱发诸多疾病,如心脏病、高血压、糖尿病、脂肪肝和下背痛等。过往很长一段时间人们对于是否健康的判定标准为是否有足够的体重，这种方式实际上是不科学的。另外，在人们了解了脂肪含量过高的危害后，为了保持健康的体质，许多人从减重开始，认为体重下降了就是健康了，体型也更加苗条，其实这也是错误的。实际上，体脂与体重是两个不同的概念，对于身体状态的评判，以体脂占比多少作为标准更加准确，而不是单一通过体重来判断。从体脂百分比了解肥胖度，再实行运动和饮食控制，才能达到控制体重和增进健康的目的。

(2)有氧适能(心肺血管适能)

有氧适能，是指机体的肺脏、心脏和血管从空气中摄取、携带和输送氧气到组织细胞加以利用的能力。有氧适能是反映机体有氧工作的重要能力指标，人体在大多数情况下，参与的活动都是在有氧条件下完成的，特别是在耐力性运动中，有氧适能更是起着决定性作用，这些都说明有氧适能对于提高人体的适应能力和健康水平非常重要。良好的有氧适能依赖于出色的心肺血管机能，这不仅是身体长时间有效工作的保证，还是机体工作后迅速消除疲劳和恢复机能的必备条件。有氧适能水平出色的运动者，无论是在体育运动中，还是在日常的工作学习中，都可以表现出更有效率、时间更持久的特点，且疲劳出现较晚，运动后疲劳恢复的速度更快。

(3)肌肉适能

肌肉适能包括肌肉力量和肌肉耐力两个方面能力。肌肉力量，是指肌肉对抗某种阻力时所产生的力量。肌肉耐力，是指肌肉反复收缩或持续用力工作的能力。美国是最早将肌肉适能纳入到体适能范畴的国家。20 世纪 90 年代以后，美国在对大众的健康体适能水平的提高理念中建议在锻炼中除了要注重提高心肺耐力以外，还要对肌肉力量水平予以关注。

人体体质的增强需要肌肉力量和肌肉耐力的帮助，因为人体的任何运动都需要依靠肌肉来完成，肌肉适能优秀与否决定了运动的质量。当肌肉力量和肌肉耐力衰退时，肌肉本身往往无法胜任日常活动及紧张的工作负荷，容易产生肌肉疲劳及疼痛现象，甚至会形成各种慢性的骨骼肌肉系统创伤。这点对年龄偏大的中老年人和女性有着更为直观的体现,如女性和中老年人较容易因腿部力量不足而跌倒受伤。肌肉适能对大多数运动员来说是核心锻炼项目,如果肌肉力量或耐力不足,不仅不能支持正常的比赛,甚至还可能发生严重的运动损伤。研究表明,有规律的负重练习有助于提高或维持骨密度,避免骨质疏松的发生;改善神经对肌肉的控制能力,促进肌肉发达,维持肌肉质量;优化身体成分,减少脂肪占比;强化肌腱、韧带、关节囊等软组织的强度。对于老年人群来说,经常进行肌肉锻炼还可以缓减腰背疼痛和行动迟缓等现象,增强老年人的自理能力和生活质量。

(4)柔韧度

柔韧度,是指身体各环节屈、伸、转、弯、扭的能力。通俗地说,就是在无痛情况下,人体各关节的最大活动范围。柔韧度看似在身体素质中的作用并不如肌肉力量和耐力等那么突出,但它对于保持人体运动能力,保持运动灵敏性、平衡性以及防止运动损伤有重要意义。良好的柔韧度可使关节全范围活动,防止肌肉关节急、慢性损伤。除此之外,良好的身体柔韧度还能预防关节僵硬老化的发生。

2.技能体适能

技能体适能,顾名思义是反映人体从事各种运动的技能能力。在技能体适能下有许多元素,这些元素对人体技能的养成都起到较大作用。不过,并非每个健康人都具有全面的技能体适能,因为拥有上述这些素质还要有一个学习过程。由于拥有这些素质的人很容易完成体育或特技中的高水平的技术动作,所以在体育运动中,技能体适能也叫作竞技体适能。

(1)反应时。反应时是身体从接受刺激到对刺激做出反应的时间间隔。对于所有运动项目来说,反应时都是占得比赛先机的关键。例如,乒乓球运动员拥有快速的反应时可以在最短的时间内对来球做出判断,然后迅速移动步法以及做出准备回球的动作;田径短跑和游泳运动中,运动员快速的反应时有利于他们在起跑、入水阶段占得先机,争取到那零点零几秒的优势。

(2)协调性。协调性指身体运用机体本体感觉在活动和运动中流利、准确和协调地完成动作的能力。任何运动项目都对身体的协调性有一定的要求,而有些项目,如体操、田径、足球等运动对运动员协调性的要求更高。运动员具有优秀的协调性不论是在日常教学训练中还是在比赛中都能够更加轻松。当然,协调性可以在系统训练中得到一定的提升。

(3)平衡性。平衡性指身体维持稳定或运动中维持平衡的能力。在大众健身领域,平衡性对人们参与如体育舞蹈、瑜伽和健美操等项目有着较大的帮助。通常来说,女性的平衡性普遍优于男性。平衡性也可以通过后期的系统训练得到一定的提升。

(4)速度。速度指身体短时间快速移动的能力。例如,足球、健身等运动对速度有着较高的要求。速度不仅是人体的跑动速度,还包括了动作速度和技术动作之间的衔接速度。

(5)灵敏性。灵敏性指身体迅速、准确地改变位置和运动方向的能力。灵敏性对于羽毛球、乒乓球和网球等需要频繁急起急停、左右变向的运动极为重要。

(6)爆发力。爆发力指身体以最短的时间和最快的速度将能量转化成力量的能力。爆发力是很多运动项目,如田径短跑、田赛项目等重要的能力。

3.代谢体适能

代谢体适能与前面两种体适能要素相比是最“年轻”的体适能“家族”成员。它是近年来才被提出且被纳入到体适能体系中的一项参数。代谢体适能包括血糖、血脂、血胰岛素、骨密度等。代谢性体适能优秀与否同许多慢性疾病的发生或发展直接相关,而且与运动锻炼的效果直接相关。运动对人体的代谢方面的帮助是非常巨大的,如可以降低血脂水平、控制血糖、提高骨密度，从而增强机体代谢性能力，减少各种运动不足性疾病的发生，如对于久坐工作的上班族来说，长时间的坐姿工作使体能循环代谢速度减慢，体重长时间落于臀部，这对人体下半身的循环非常不利，久而久之会患上泌尿系统、生殖系统或消化系统疾病。

（二）健康体适能的测量与评价

健康体适能是评定一个人的健康状态最重要指标。而评定健康体适能的四大要素是：有氧适能、肌肉适能、柔韧度与和身体成分。

1. 有氧适能的测试

(1)12 分钟跑测试

12 分钟跑测试是目前国内外最常用的评价心肺适能的方法之一，研究表明，有氧适能水平高的人比低的人在 12 分钟内可以跑更长的距离。

测试在 400 米的跑道上进行。测试前要充分做好准备活动，在跑的过程中尽量快跑，如感到呼吸困难，应减慢速度，及时调整呼吸。在开始和结束时，应避免全速跑和冲刺跑。

12 分钟跑测试对积极参与体育锻炼的青少年最为合适。然而，由于其运动强度较大，故不适合于 30 岁以上的脑力劳动者、身体条件较差者、关节病患者和肥胖者。

(2)台阶测试

台阶测试是另一种较常用的有氧适能测试方法。研究表明：心肺适应能力强的人比心肺适应能力弱的人在运动后 3 分钟恢复期内心率恢复较快。台阶测试虽然不是最好的评价有氧功能适应状况的方法，但它的优越性在于可以在室内进行，能适合不同程度身体条件的人，且不需要昂贵的设施，并可以在很短的时间内完成。

目前国内常用的台阶高度为：成年人男子 50.8 厘米，女子 42

厘米，根据男女年龄、身高的不同，台阶还可做适当的调整。测试可按下列步骤进行。

①节拍：测试节拍为每分钟踏 30 次（上下），共 3 分钟。在测试时应左右腿交替，每次上下台阶后上体和双腿必须伸直，不能屈膝。

②测试：运动后立即坐下，并测量运动后 1 分钟～1 分钟 30 秒、2 分钟～2 分钟 30 秒、3 分钟～3 分钟 30 秒 3 个恢复期的心率。

③评定：指数计算公式如下。

评定指数＝等台阶运动持续时间（秒）/2×（恢复期 3 次心率之和）×100

（3）活动平板（跑台）运动试验

活动平板定量运动试验是目前我国最常用的心肺功能检查方法，其优点是试验的条件容易控制，可以较准确地计算功率，并且可配合心电图、气体代谢等检查。

2. 肌肉质量的评价

（1）肌肉力量的评价

①等长肌力测量

等长肌力也就是静力性肌力。在测量过程中与关节的运动无关，是测量关节在某一角度的肌力。主要的测量包括握力、背肌力、臂力与腿力。

前臂屈肌肌群肌力。

背肌力主要参与的肌群包括背部、上肢、下肢乃至腰部等部位的肌肉，因此背肌力可代表全身的肌力。

臂力主要包括伸展及屈曲两种。前者的主要肌群为伸肌群（主要为肱三头肌），后者为屈肌群（主要为肱二头肌）。

腿力分为伸肌群（主要为股四头肌）和屈肌群（主要为股二头肌及半膜半腱肌）。

②等张肌力测量

等张肌力也称动态肌力。较常用的测试方法为仰卧推举、负重蹲起、双手卷举、仰卧起坐。由于是测量最大肌力，因此都是以一次重复最大为代表。所谓一次重复最大，指的是完成上述动作肌肉一次所能举起的最大重量。

③等速肌力测量

等速肌力测量广泛应用于运动医学领域。等速肌力测量必须使肌肉做速度相等的收缩，要达到等速收缩，需要一种特殊仪器。使用等速仪器时，肌力指的是60°/秒时或更慢速度时的肌力。通常使用的速度是30°/秒、45°/秒及60°/秒。

(2)肌肉耐力的评价

①动力性肌肉耐力

动力性肌肉耐力评价是通过某一给定动作的重复次数进行评定的方法。以下是两种最常用的测试方法。

②俯卧撑测试

俯卧撑测试主要用于评价躯干上部的动力性肌肉耐力。该测试的结果评定标准为重复次数越多，躯干上部动力性肌肉耐力越好。

3.肩部柔韧度测试

肩关节柔韧度是指肩关节活动幅度，可以反映肩关节灵活性和活动幅度。

(1)摸背法

测试时，受试者自然站立，分别向背中央靠拢，在肩胛骨中央两手指会合。分别测出左右手指重合情况，重合越多，肩部柔韧度越好。

(2)握棒直臂转肩法

双手握体操棍前举直臂向后转肩至后举。测试握距，握距越短，肩部柔韧度越好。

二、国民体质测定标准

(一)幼儿部分

1.适用对象的分组

(1)分组和年龄范围

《国民体质测定标准·幼儿部分》的适用对象为3～6周岁的中国幼儿。按年龄、性别分组,3～5岁每0.5岁为一组;6岁为一组。男女共计14个组别。

(2)年龄计算方法

①3～5岁者

测试时已过当年生日,且超过6个月者:

年龄=测试年－出生年+0.5

测试时已过当年生日,且不满6个月者:

年龄=测试年－出生年

测试时未过当年生日,且距生日6个月以下者:

年龄=测试年－出生年－0.5

测试时未过当年生日,且距生日6个月以上者:

年龄=测试年－出生年－1

②6岁者

测试时已过当年生日者:年龄=测试年－出生年。

测试时未过当年生日者:年龄=测试年－出生年－1。

2.测试方法

测试内容包括身体形态和素质两类,如表4-1所示。

表 4-1　测试内容

类别	测试内容
形态	身高 体重
素质	10 米折返跑 网球掷远 双脚连续跳 坐立体前屈 走平衡木

3. 评定方法与标准

采用单项评分和综合评级进行评定。

单项评分包括身高标准体重评分和其他单项指标评分，采用 5 分制。

综合评级是根据受试者各单项得分之和确定，共分 4 个等级：一级（优秀）、二级（良好）、三级（合格）、四级（不合格）。任何一项指标无分者，不进行综合评级（见表 4-2）。

表 4-2　综合评议表

等级	得分
一级（优秀）	>31 分
二级（良好）	28～31 分
三级（合格）	20～27 分
四级（不合格）	<20 分

（二）成年部分

1. 适用对象的分组

（1）分组和年龄范围

《国民体质测定标准·成年人部分》的适用对象为 20～59 周

岁的中国成年人。按年龄、性别分组，每 5 岁为一组。男女共计 16 个组别。

(2)年龄计算方法

测试时已过当年生日者：年龄＝测试年－出生年。

测试时未过当年生日者：年龄＝测试年－出生年－1。

2. 测试内容

测试内容包括身体形态、机能和素质三类(见表 4-3)。

表 4-3　测试内容

类别	测试内容	
	20～39 岁	40～59 岁
形态	身高　体重	身高　体重
机能	肺活量　台阶试验	肺活量　台阶试验
素质	握力	
	俯卧撑(男)	
	1 分钟仰卧起坐(女)	握力
	纵跳	坐位体前屈
	坐位体前屈	选择反应时
	选择反应时	闭眼单脚站立
	闭眼单脚站立	

3. 评定方法与标准

采用单项评分和综合评级进行评定。

单项评分包括身高标准体重评分和其他单项指标评分，采用 5 分制。

综合评级是根据受试者各单项得分之和确定，共分 4 个等级：一级(优秀)、二级(良好)、三级(合格)、四级(不合格)。任何一项指标无分者，不进行综合评级(见表 4-4)。

表 4-4 综合评级标准

等级	得分	
	20～39 岁	40～59 岁
一级(优秀)	>33 分	>26 分
二级(良好)	30～33 分	24～26 分
三级(合格)	23～29 分	18～23 分
四级(不合格)	<23 分	<18 分

(三)老年人部分

1. 适用对象的分组

(1)分组和年龄范围

《国民体质测定标准·老年人部分》的适用对象为 60～69 周岁的中国成年人。按年龄、性别分组,每 5 岁为一组。男女共计四个组别。

(2)年龄计算方法

测试时已过当年生日者:年龄=测试年－出生年。

测试时未过当年生日者:年龄=测试年－出生年－1。

2. 测试内容

测试内容包括身体形态、机能和素质三类(见表 4-5)。

表 4-5 测试内容

类别	测试内容
形态	身高 体重
机能	肺活量

续表

类别	测试内容
素质	握力 坐位体前屈 选择反应时 闭眼单脚站立

3. 评定方法与标准

采用单项评分和综合评级进行评定。

单项评分包括身高标准体重评分和其他单项指标评分，采用5分制。

综合评级是根据受试者各单项得分之和确定，共分四个等级：一级（优秀）、二级（良好）、三级（合格）、四级（不合格）。任何一项指标无分者，不进行综合评级（见表4-6）。

表4-6　综合评级标准

等级	得分
一级（优秀）	＞23分
二级（良好）	21～23分
三级（合格）	15～20分
四级（不合格）	＜15分

第五章 常见现代流行体育运动的开展与科学指导

在大众健身运动发展中，健身者已经突破了只选择传统体育运动来健身的习惯了。随着人民生活水平与健身意识的不断提高，将现代流行体育运动作为健身项目的人越来越多，流行体育运动大都集健身、竞技、娱乐、趣味、技巧、休闲于一身，对健身者具有很强的吸引力。本章重点就休闲球类运动、户外极限运动及其他流行运动的开展与健身方法指导进行研究，以科学指导健身者参与新型体育运动项目，促进健身者身体健康水平的提高。

第一节 休闲球类运动的开展与健身方法指导

一、我国休闲球类运动的总体开展情况

现阶段，休闲球类运动在我国拥有广泛的群众基础，其中篮球、足球、羽毛球、乒乓球更是受到不同年龄、职业、性别等群体的喜爱。人民群众通过参与球类运动健身可以达到增强体质、促进健康、健美身体的目的。因此，休闲球类运动在满足人民群众健身的需要方面是极易进行推广的。此外，球类运动内容丰富，项目多样，台球、高尔夫球、保龄球等新型球类运动层出不穷，满足了不同群体的健身需求。

随着我国经济的发展与社会的进步，现代人的生活节奏越来越快，人们面临着巨大的生存压力、生活压力、学习压力、工作压

力，这些压力的长期存在不利于人民的健康发展。为了缓解压力，改善生活方式，很多人都选择通过休闲球类运动来调整生活节奏，锻炼身体。因此，我们经常可以在社区、学校或单位的球类运动场地上看到人们参与球类健身的身影。

休闲球类运动在我国的普遍开展最突出的表现在学校领域，而且在球类健身人群中，学生所占的比例较大。现在，作为体育教学中的重要内容，球类运动课程在各级院校尤其是高校几乎都有设置，学生不仅在课堂上从事球类运动的学习，而且也会在课余时间组织参与休闲球类活动，以此来达到提高技能、身心健康和娱乐休闲等目的。

总之，休闲球类运动在我国人民群众中产生的健身性影响力相对于其他体育项目更大，普及与推广相对更为容易，具备全民健身参与的特点，因此得到了广泛的开展。

二、台球运动的健身方法指导

（一）身体姿势

健身者身体要面向所击的主球与目标球。两脚约齐肩宽站立（左脚稍前），左腿向前微屈，右腿伸直，右脚尖向外侧自然转动50°～80°。上体前俯，右肘提起，握杆手与肘关节处在同一条与地面相垂直的线上。两眼水平前视，使面部中线与球杆和右臂处在一个垂直面上（见图5-1）。

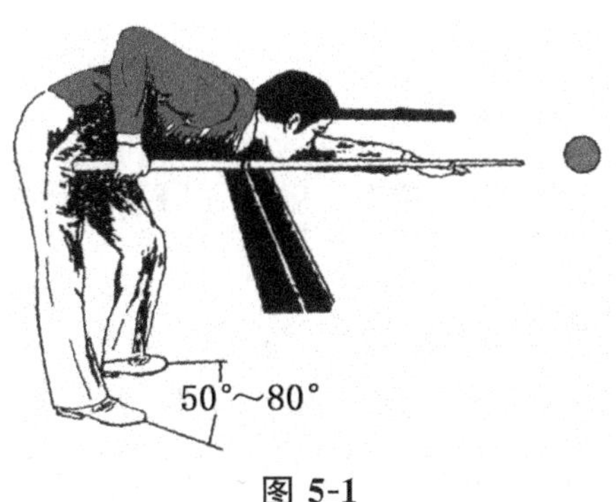

图 5-1

（二）握杆方法

最佳的握杆位置由球杆的重心位置、击球的力量和被击主球的位置这几个因素所决定。一般球杆的重心位置在杆尾1/4～1/3处，凭手感大约可以估计出来。握杆的位置一般是离重心向杆尾一端的6～9厘米。健身者在击打不同位置的球时，握杆位置也要适当变化。

如果健身者选用后手握杆的方法，要保证手腕能自由活动，拇指和食指在虎口处轻轻夹握球杆，其余3个手指要虚握。出杆击球时，前后摇动手腕，利用腕力将球击出。这样握杆的优点在于使手指手腕和整个手臂处于放松状态，有利于保障手指、手腕和整个手臂在运杆时动作的流畅，感觉出杆触球一刹那间杆头与球的撞击效果，给手指、手腕以及手臂肌肉更丰富的感受。

（三）瞄准技术

健身者在击球前首先要做的是走到目标球附近，观察目标球的下球行进路线，再观察目标球的下球击点，并确定瞄准点，最后才着手击打主球，完成击目标球落袋的要求。

1.目标球线路的确定

（1）确定目标球进哪个袋更为有利。

（2）确定目标球的中心点和袋口中心呈一条直线，并没有其他球影响整个球体顺利进袋。

2.目标球击点的确定

健身者确定目标球线路后，就可以确定目标球的击点，具体如下。

（1）由目标球所对的球袋中心，经过目标球中心点延长，这条线与目标球球体外缘相交，这个相交点便是目标球的击球点。

（2）可以先用球杆在目标球的击点上瞄一下，以便有一个清晰的目标球击点的印象。

3.瞄准点的确定

对目标球上的击点进行确定后，就需要确定目标球的瞄准点了，具体如下。

(1)从目标球的击点向后再量出一段与球体半径相等的长度，这个半径长度的最远点，就是瞄准点。

(2)主球的位置在目标球中心与袋口中心点直线延长线左、右两侧的 90°范围内。只要瞄准点不变，在此范围都能将目标球击入球袋。

(四)架杆技术

架杆就是用手给球杆一个稳定支撑和对杆头在主球的击球点进行调节的姿势。架杆是健身者打好台球的重要环节，具体方法如下。

1.环扣式手架杆

将手掌放在台面，指尖略微内收。中指、无名指和小指微向内弯曲，用其指外侧及掌外侧和掌根形成支撑点。拇指和食指扣成一个环，并与穿进其间的球杆形成直角。用中指和拇指来保持球杆前后运动时的稳定(见图 5-2)。

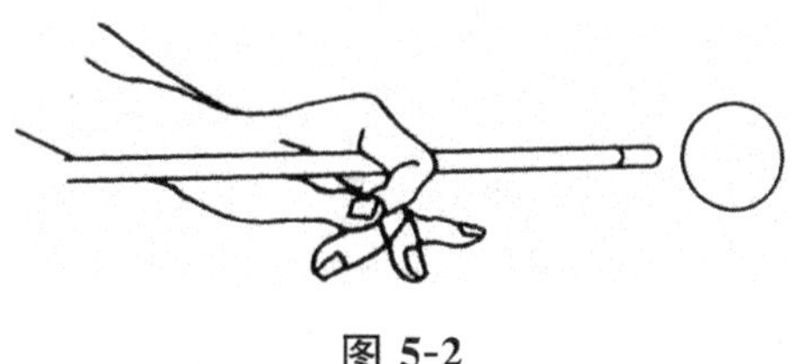

图 5-2

2.平卧式手架杆

先将手掌自然平放在台面上，掌心向下，五指自然分开，食指稍微向外侧移动些，拇指翘起后用其第二指关节贴住食指根部，使拇指和食指之间形成一个凹槽，使球杆可以平稳地放在其中自如运动（见图 5-3）。

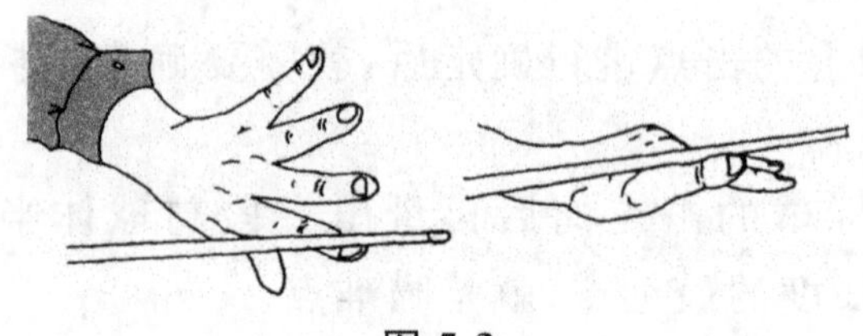

图 5-3

（五）运杆技术

台球运动中，在击主球前要先有一个运杆的过程，这个过程可分解为三个部分：运杆、后摆和暂停，健身者只有完成这三个部分，才能击主球。

1. 运杆

健身者在确定击打主球的部位后，就可以开始做运杆动作了。运杆时，身体要保持稳定，持杆手的手臂进行前后运杆，运杆时应尽可能使球杆平直运摆。运杆的目的是获得击球的准确性，运杆的次数不宜太多，但运杆的节奏要均匀。

2. 后摆

后摆的幅度大小取决于所需要的击球力量。在肌肉用力相同时，后摆幅度大，球杆击球力量也要大。健身者在做后摆动作时要注意“稳”和“慢”，以保证出杆的平直。

3. 暂停

暂停是在出杆前的一个短暂的停顿，健身者要有意识地略屏呼吸，减少胸廓由于呼吸产生的起伏，以此保证平稳出杆。

（六）出杆击球

出杆击球是在后摆停顿后所完成的动作。以肘关节为轴，前臂向前送出，触击球瞬间，根据击球的要求，健身者要注意对手腕力量的控制，避免由于过分抖动手腕造成击球的不准确。此外，在出杆时，肩部和身体不要用力，出杆动作要果断、清晰。

（七）随势跟进

适当的跟进动作对击球动作的顺利完成起着重要的作用，如果跟进太多，杆头出得太长，会使肩、肘下沉，破坏击球动作的正确性，影响击球质量；如果跟进太少，会造成击球动作紧张，力量不能有效作用于主球，也不能保持出杆击球的稳定性。因此健身者要注意跟进动作的适当性。

三、高尔夫球的健身方法指导

（一）握杆

准确的握杆方法决定了挥杆动作的正确性。健身者在参与高尔夫球健身的过程中，主要采用的握杆方法有以下两种。

1. 互锁式

互锁式握法主要适合手掌较小或力量较差的女健身者采用。握杆的时候，在左手的食指与中指之间插入右手的小指，左手食指与右手的小指勾在一起。互锁式的特征是连锁左右两手，一体感的感觉油然而生，右手的力量也容易发挥出来。然而，如果掌握不好互锁式的握杆方法，而使左手食指翘起，那么一体感便会被破坏掉。

2. 重叠式

重叠式握法的使用较为普遍。在球杆握柄的地方用左手掌紧贴，手背与目标正对，球杆握柄斜向通过掌心(从食指的第二个关节起)。在小鱼际和小拇指指根间握紧球杆，这时用到的手指是小指、无名指和中指，然后自然收拢食指，将球杆紧握。拇指自然伸出，伸出方向是沿球杆握柄的纵长线。拇指伸出后，握柄正中稍稍偏向右边的位置用拇指压按，这时，食指指根和拇指呈现出“V”的形状，拇指尖端指向的位置是右肩与颈部右侧之间。打开右掌，掌心与目标正相对，在球杆握柄处的右边用右掌紧紧贴住，使握杆的纵长从无名指与中指的指根通过(从食指第二关节开始)，左手的食指与中指间隙中用小指勾搭，收拢手指，将球杆握住，以钩状弯曲食指，左手拇指用大鱼际包住，食指指根与拇指呈现出“V”的形状，拇指尖端指向的位置是颈部的右边。

(二)击球准备姿势

击球的准备姿势通常指的是站位，也就是健身者将球杆握好后，身体各部位准备击球时的准确位置，具体包括两脚的位置和把球杆对准球的一系列动作，确定两脚位置的主要依据是击球的方向。脚位和身体姿势是击球准备姿势中的重点。

1.脚位

准备击球时，健身者两脚的站立位置就是脚位，正脚位、开脚位和闭脚位是常见的三种脚位。

(1)正脚位

正脚位指两脚尖连线与准备击球路线平行的站位方式。健身者在全力击球时，无论使用哪一种球杆，均可采用正脚位(见图5-4)。采用此脚位时，腰、肩、手均要与目标线成平行状态。

(2)开脚位

右脚比左脚略靠前的站位就是开脚位。健身者如果有意打右曲球或短铁杆击高球时，适合采用这种站位方式(见图 5-5)。采用这种站位，且球杆杆面正对击球方向进行挥杆时，因为引杆的时候不方便向内扭转左肩，而身体容易在下挥杆和顺摆动作时打开，从而挥杆轨迹就成了从外向内，这就造成了右曲球。

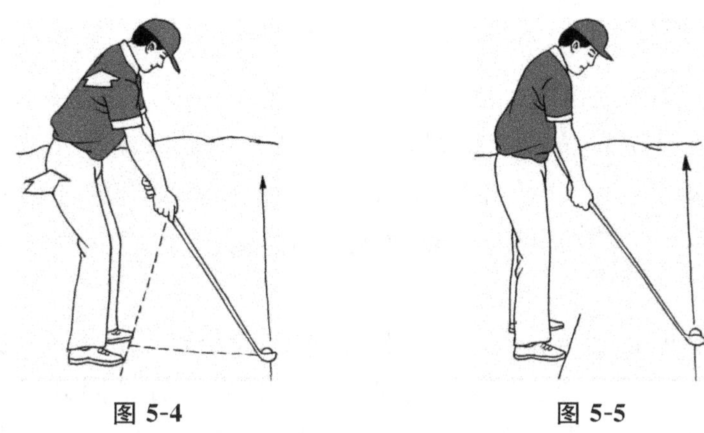

图 5-4　　　　图 5-5

(3)闭脚位

闭脚位指的是右脚略后于左脚的站位方式。一般适用于木杆开球、在球道上击远球或有意打左曲球。健身者在采用这种站位时，两脚脚尖的连线朝向目标的右侧，引杆时左肩能够充分向内回旋，但容易造成由外向内的挥杆轨迹，产生左曲球。同时，对下挥杆击球时身体的回旋也不利。

2. 身体姿势

健身者将球杆握好后，自然前伸双手，将球杆底部轻轻与地面接触，分开两脚，大约和肩同宽即可，身体的重心主要在双脚。从髋部前倾身体，挺直背部。略向下低头，呈自然俯视姿势，低到刚好看到杆头即可。稍微弯曲双膝，髋稍微屈曲，侧着身体与目标方向相对。

初学高尔夫球的健身者在练习击球准备姿势时，要注意可选用正脚位作为练习的开端，脚位是击球技术的基础，而正脚位相对容易掌握，使动作协调规范，为将来球技的提高打下一个好的基础。健身者不要轻易尝试开脚位和闭脚位。另外，还要注意脚位与球的飞行路线要平行，练习时要时刻注意身体各部位，如双脚趾端、两膝以及两肩之间的连线都尽量与球的飞行路线保持平行，时刻保持身体基本姿势的稳定性。

（三）瞄球

杆面与目标正对，然后以杆面的位置为依据将身体、站位以及其他各部分的位置调整好，这是健身者在瞄球动作中需要掌握的基本要点。杆面没有与目标正对，而是两脚尖的连线指向目标，这是健身者在瞄球中最常见的错误，也是站位过于封闭的问题。

瞄球的正确方法是，球和目标的连线平行于两脚尖的连线。健身者在球后站立，双臂平行伸出，其中球与右臂同处于一条直线上，目标与球同处于一条直线，这也就是目标方向线。然后放一支球杆在地上，将目标线的方向标出，手中球杆的击球面要与球对准。

（四）挥杆击球

整个身体围绕一个固定中心点完成协调、平衡的动作就是挥杆击球。引杆、下挥杆、击球、顺势摆动和结束动作等共同构成了高尔夫球的完整击球动作。下面具体阐述这几个分动作。

1. 引杆

从击球准备状态开始，向身体后上方摆动杆头的动作就是引杆动作。引杆主要分为后引和上挥两个动作。

（1）后引

健身者在练习后引时，要使杆面与球后方正对，使球杆与左臂构成一个整体，腕部和肘部不要弯曲，肩与两臂形成三角形的形状，引杆的方向为球的正后方，引杆的距离保持在 30 厘米左右，自然后引时，保持头和肩都静止不动。身体重心由左向右移动，同时上体向右后充分转动，使身体形成扭转拉紧状态。后引动作结束时，有的健身者右腿较直，身体重心略高；有的右腿弯曲，身体重心较低，这要根据健身者的个人特点而定。

(2)上挥

引杆动作是一个整体的过程，不允许在后引和上挥之间做停顿。上挥以后引为开始，后引的延续动作就是上挥。

健身者在上挥球杆时，肩与两臂形成的三角姿势不可改变，向右转动左肩，在杆头的带动作用下转动两臂；伸直左臂，保持右上臂固定不动，夹住右腋。保持脊柱与头颈部的一体姿势，双眼注视着球，抬起并稍向右方向倾斜下颌，最终将左肩旋转至下颌的下方。胸部几乎对着目标相反方向，左肘关节微屈，右肘屈曲到最大限度。重心从两脚间移到右脚外侧，右膝伸直，左膝向右屈，左脚跟稍离地面，手腕弯曲，握牢球杆。球杆的杆身基本与地面平行。上挥球杆达到最高点时，背部朝向目标，上身较髋部侧转更大。

2. 下挥杆

健身者在将球杆上挥到顶点时，停止上挥动作，开始将球杆向下挥动。下挥球杆时，左脚支撑身体的重心，左膝保持伸直状态。为了使右腿能够更好地蹬地送髋，健身者要用力支撑左腿。随着手臂向下挥杆，臀部要快节奏地转向上挥前准备击球时的姿势，借助臀部旋转产生的力量带动手臂来增加击球的力量。此时右腿的用力推动了髋部的移动，髋部的移动和领先又拉紧了右大腿的内收肌群和股四头肌，使之更有效地推动了髋部；扭转腰部，直至与击球准备时的姿势相同；在下肢与腰部的作用下，将左肩自然地转向左侧，带动左臂，在左臂的杠杆作用下将球杆向下拉引，在身体重心转移到左脚的同时，右肘应到达右髋处。这时杆头仍然被留在后面。

3. 击球

完整的挥杆动作轨迹中有一点就是击球动作。充分运用杆头的重量与运行速度，通过下挥杆而使球向前运行的动作就是击球动作。

挥杆击球是球杆杆头通过球，而不是打向球。健身者在下挥时，要保持手腕处于弯曲状态，至离球30厘米的击球区，才能突然甩腕。两臂的位置恰好与击球的准备姿势中两臂的位置相同时，球杆的杆头用最快的速度到达球的位置，也就是挥杆轨迹中的最低点，杆头面与球接触时，有一种极大的冲击力随即产生，这个冲击力足以击出球。在击球的动作中，头部保持静止不动，两眼注视球。击球时，必须击在球背的正中部位，球才能向正前方飞去。如果击球顶部，球将被击到地下，出现地滚球；而击到球背侧面，球将飞向球道两侧某一方。

4.顺摆

触球动作的延续就是顺摆动作，球杆触球后，在惯性的作用下还要继续顺势挥动。触球后，健身者将身体重心置于左腿，提起右脚，朝着左膝的方向不断靠拢右膝，腰部在右脚的推动作用下不断朝左边方向转动。继续围绕轴心转动身体，右臂在杆头的带动下慢慢伸直，逐渐移动右肩，直至与击球的方向相对。朝着目标方向用力将杆头挥出。顺摆动作的过程中，健身者要保持头部不动，双眼向前方注视。

5.结束

挥杆击球是一个连续的过程，这个过程的终点就是结束动作，结束动作是自然流畅、准确无误地挥杆后的一个自然结果，而非故意做出来的动作。

充分完成顺摆的动作时，健身者的右肩在右臂的带动下继续向下颌的下方转动，杆头的运动方向在左后偏上；继续伸直右臂，夹住左腋。右臂在向上运动时带动左臂的肘部向上弯曲，向左转动肩和腰，左腿承担身体的全部重量，保持左膝固定不动，左足由足内侧支撑身体转向左足跟部外侧支撑身体。当左臂的高度与右肩的平直高度同高时，才朝着目标方向随转动轴转动头部，球飞行时，健身者的双眼要注视运动中的球。

（五）推杆

健身者在进行推杆时，将推杆握住，分开两脚，稍微屈膝并前突膝盖，身体重心放在两腿；腰弯曲，将肩、手臂和双手整体同时用力；头部尽量保持静止，切忌将身体抬高。在击球过程中，推击弧线的距离同击球后杆头离地面的距离相同，推杆时要匀速进行。

第二节　户外极限运动的开展与健身方法指导

一、我国户外极限运动的总体开展情况

大约在 20 世纪 80 年代末期，极限运动开始进入我国。现阶段，我国比较普及的户外极限运动主要是极限滑板、BMX 特级单车、极限攀爬单车等主体项目。海、陆、空三大领域的户外极限运动在我国的开展情况也比较良好。其中，水上项目中开展较好的有激流皮划艇、滑水、探险漂流、水上摩托、摩托艇等；陆地项目中开展较好的有滑板、山地自行车等；空中项目中开展较好的有攀岩、攀冰、蹦极等。

户外极限运动之所以可以在我国获得良好的发展，拥有庞大的群众基础，主要是因为两个方面的原因。第一，当今社会，人们面临的压力越来越大，因此更加需要追求刺激、发泄压力、释放能量。第二，人们已经习惯了一般性的刺激、享受，因此很难从非极限运动中达到释放自我的目的。人们追求无限的刺激，希望从中获得需要的感觉，而户外极限运动使得人类的这一需求得到了满足。

二、蹦极运动的健身方法指导

（一）蹦极基础装备

1. 弹跳绳

一般来说，蹦极地点都准备了专业的弹跳绳，在旧式的弹跳绳中，安全绳的后备系统还不具备。而新式弹跳绳则采用了“双保险”，为了防止意外事故发生，设计者依据人体下降速度及反弹高度对弹跳绳进行了精确的设计，并将其分为轻绳、重绳，具有很高的安全性。

2. 扣坏

对弹跳绳与弹跳者加以连接就是扣环的主要功能。通常，蹦极运动中所采用的扣环是纯钢制品，其大约可承受 4 772 千克的重量。

3. 绑膝、绑脚、绑背装备

(1)绑膝装备

进行前跳式蹦极或后跃式蹦极时需采用绑膝装备，将蹦极者的腰部固定在弹跳绳的一端是这一装备的主要用途。

(2)绑脚装备

进行自由式蹦极时需要采用绑脚装备，主要用于对脚进行捆绑。

(3)绑背装备

采用往前跳及花式跳的跳法时，一般采用绑背装备，对蹦极者的背部进行保护，使其身体平衡是这一工具的主要作用。

4. 抱枕

为了在蹦极过程中保持身体的平衡性，并使紧张感得以有效缓解与消除,需要运用抱枕。

(二)蹦极基本技术指导

1. 绑腰后跃式

绑腰后跃式跳法即健身者绑腰站于跳台上,采用后跃的方式跳下,这是初学者的第一个基本规定动作,弹跳时好像掉入无底洞一般,感觉心脏即将跳出去了,跳下大约 3 秒时突然向上反弹,持续 4～5 次的反弹后,在半空中悬挂,整个过程大约 5 秒,但对于健身者而言是惊险刺激的 5 秒。

2. 绑腰前扑式

绑腰前扑式跳法即健身者绑腰站在跳台上,以向前扑的方式跃下,这是初学者的一种尝试性跳法。这种跳法与绑腰后跃式相接近,但健身者需面朝下。在前扑跃下时,健身者会有深深的无助与恐惧感,停止反弹时这种感觉才能稍稍平复。

3. 绑脚高空跳水式

绑脚高空跳水式跳法即健身者表现自己英姿的跳法。健身者在脚踝上绑好装备,在跳台上站立且面朝下,倒数五个数后将双臂展开,向下俯冲,就像雄鹰展翅一般。

4. 绑脚后空翻式

在弹跳跳法中,绑脚后空翻式跳法的难度最高,但同时也是最能展现勇气的一种跳法。具体方法为,健身者在脚踝上绑好装备,在跳台上站立且背朝后,将双臂展开,向后空翻,这种跳法对健身者的腰力及勇气有较高的要求,因此尝试的人很少。一般需要先体验绑腰、绑脚高空跳,然后再尝试这一高难度的跳法。

5. 绑背弹跳式

在蹦极运动中,绑背弹跳式跳法被喻为与死亡最接近的一种跳法。健身者在背上绑好装备，双手抱在胸前，双脚往下悬空一踩，就像从高空坠落一样。在这一过程中，健身者会有强烈的旋转感，并感觉地面的事物由小到大地变化，整个过程异常刺激。

三、山地自行车运动的健身方法指导

（一）基本操作技术指导

山地自行车的基本操作技术主要包括热身、身体姿势、手的姿势、踏蹬技巧、变速技术以及刹车技术等几方面。对这几个技术的分析具体如下。

1. 热身

大多数健身者对运动前的热身运动不够重视，这样肌肉就得不到适当的伸展，因此在运动中很容易受伤。即使不受伤，运动的效果也会受到影响。骑车是一项锻炼心血管承受能力的健身运动，热身运动有利于相关肌肉和肌腱做好运动前的准备。先伸展一下身上的肌肉，慢慢地骑行一段时间，然后再逐渐加速，随之增大运动的强度。这样，身体能逐渐地从无氧运动过渡到有氧运动。

2. 身体姿势

正确的骑车姿势是：上体较低，头部稍倾斜前伸；双臂自然弯曲，便于腰部弓曲，降低身体重心，同时防止由于车子颠簸而产生的冲击力传到全身；双手轻而有力地握把，臀部在鞍座上坐稳。下坡时，身体重心要始终靠后。如果坡度允许，车手胸部的重心应该落在鞍座上。上坡时，要把重心移到鞍座后部，使双腿获得最大的杠杆作用。同时，上半身放低，要趴在车把上，以固定车位。

3. 手的姿势

手握车把的姿势由车手自己决定，具体来说，手的姿势应该遵循以下几个方面的要求。

首先，轻轻地握住车把，肘部稍微弯曲，肩部放松，后背伸直。

其次，车把不要抓得太紧。不然，上半身会一直处于紧张状态，很容易失去控制，而且手臂也容易感到疲劳。

最后，骑车过程中，拇指和其他几个手指分开成空拳状将车把握住，拇指和其他几个手指一起放在车把上面。这样碰到障碍物时，手不会从车把上滑下来。

4.踏蹬技巧

脚蹬是用来传送能量的，健身者应该掌握能够最大限度地传送能量的踏蹬技巧。主要技巧表现在曲柄绕中轴转动，脚蹬随之进行环形运动。为了能连续、平稳地把能量传送到动力传动系统，健身者应该学会如何连贯地踩动脚蹬做环形运动，不可上下猛踩脚蹬。要想掌握这一技巧，最好的方法是选择平坦的地面，或者在公路上骑车。不过，在自行车越野运动中，要想持续地保持某一节奏是不可能的，更不用说保持较快的节奏了。但是，如果自行车的质量较好，健身者可以稳稳地坐在鞍座上不动，也可以保持较快的节奏。

自行车运动的踏蹬方法有自由式、脚尖朝下式和脚跟朝下式三种。每种方法都具有其独特的特点，健身者应根据实际情况和需要进行有针对性的选择和运用。

5.变速技术

变速装置是为更省力、更舒适地骑车而设计的，以缓解因出力不均而产生的疲劳。变速的时机为上坡、下坡、路面凹凸不平、逆风以及疲劳时。也可以说，当踩踏感觉吃力时，即为变速的时机。

6.刹车技术

刹车提供了非常好的制动力，健身者只需要一两个手指就能操作刹车装置，锁住车轮，其他三个手指用于握住车把，控制自行车。一般来讲，前闸的刹车效果比后闸好。但是，根据地形和车闸刹车效果的不同，两个车闸应该谨慎使用。在在短而急的斜坡上向下骑行，或者在土质疏松的地面上转弯时，除非骑车的技术非常娴熟，否则尽量不要使用前闸。在下坡的急转弯，需要使用到刹车时，尽量使用后刹车的力量。

（二）不同地形的骑行技巧指导

健身者参与自行车越野运动，挑战性主要来自于能否应付各种地形。健身者在不同地形中的骑行技巧具体分析如下。

1. 沙地

沙地常常让自行车健身者望而生畏。遇到这种地形，自行车前轮很容易陷在沙里，健身者也很难控制自行车前进的方向。大面积的沙地通常很难穿过，健身者一般要扛着自行车步行前进。但对于面积较小的沙地，可以借助较高的车速，成功地穿过去。

进入沙地之前，自行车要达到一定的速度。把链条调到小一号或小两号的飞轮上，同时身体重心后移，减少前轮上的重量，保证前轮不会陷在沙土中。用足力气，保证脚蹬以平稳的节奏转动，以保持自行车前进的速度，同时不要转动车把。这么做的目的是用最快的速度穿过沙地，不至于被沙土困住。如果在其他质地比较硬的道路上遇到沙土，通常沿着路边没有沙土的地方骑过去就可以。比较潮湿的沙地，只要身体的重心不在前轮上，并且用力均匀，一般能够成功地穿越。

2. 多石的地面

在岩石较多的地方骑车，平衡性不好把握，自行车很难控制。健身者必须运用各种技能，骑在车上的时候要尽量放松，还要学会挑好走的路走。在多岩石的地面上骑车，最好的办法就是要像冲浪一样“随波逐流”。下行时根据路况，要放开胆子，凭借着一股冲劲，以较快的速度，迅速穿过去。车速越快，地面也就显得越平坦。但是，之前必须仔细研究这里的地形。

在多岩石的地面上骑行，健身者会随着自行车左右摇晃，如果距离不是太长，采取俯卧的姿势，站在脚蹬上，降低身体的重心，把自行车控制住。这样，不仅能够比较灵活地使自行车保持平衡，同时双腿还能更好地发挥杠杆作用，使前轮保持平稳。肘部下垂还可以防止前轮上翘。要想改变骑车的方向，车手只需要把身体的重心从一侧移动到另一侧，再轻轻地推动自行车朝着某个方向前进就行了。

3. 坚硬的地面

在比较硬的地面上骑车最省力，骑起来也最舒服。这种地面就同公路一样，有时候比公路骑行还容易，阻力小，车轮滚动的速度快。但是，如果地面比较潮湿或者上面覆盖着一层沙砾和树叶，这就需要谨慎小心，注意降低和稳住重心，因为这种地形往往非常滑。

4. 坡路

(1)上坡骑行技术

山地自行车运动是在山地中进行，因此爬坡成了不可缺少的一部分。对骑车技巧的正确掌握有助于健身者对各种山道的成功应付。健身者是否可以顺利地驱动自行车向前、向上运动，主要由两个因素决定，即动力传动系统的运转与力量的大小和车轮与地面间的摩擦力大小。健身者身体的强健程度和力气大小直接关系到动力传动系统的运转与力量。而自行车轮胎的类型、压力，健身者的身体重心位置、骑车技巧等又会影响车轮与地面的摩擦力。

对于短而陡的坡，运动强度很大。高强度运动持续的时间可能比较短，关键是健身者要保持正确的骑车姿势。要想冲到坡顶，就要在助跑阶段积累足够的冲力。一般情况下，急转弯以后紧接着就要爬坡。这时,健身者一般没有冲力,但一定要保持相当的牵引力。最好的办法是保持正确的骑车姿势,把身体的重心移到后轮上,不过前轮上也要保持足够的重量,以防自行车前翻。

遇到很长的上坡,由于运动强度和骑车技巧与爬陡坡时不同,健身者应根据自己的体力状况及时调整传动比,也就是调节蹬踏用力时省力的齿轮来保持车子的快速前进,不可等到完全骑不动或速度明显减缓时再对传动比进行调整,应重视对重新起动的避免。坡路较长或有陡坡时,健身者可适当地采用站立式骑行的方法,对用力部位进行调整,从而使部分肌肉的休息得到保障。

(2)下坡骑行技术

下坡时,健身者应该牢牢记住,骑得越快,路面显得越平坦。下坡骑行要勇敢机智,胆大心细,精力集中,两眼密切注视前方路面,随时做好果断处理路面上出现的任何情况的准备。健身者要充分利用车子的运动惯性骑行,并尽量使身体后移,以手臂完全伸直为宜。同时,上体前倾、下压使胸部降到鞍座的高度(见图 5-6)。

图 5-6

需要注意的是,健身者在对前面的地形不了解之前,要注意控制下坡的速度。一般健身者需要事先对途中的地形加以了解与熟悉,以便顺利将障碍物绕过。健身者即使已经熟悉了当地的地形,但如果近期没有在此骑车,或近期天气有变,还是需要提前对地形进行仔细观察的,从而确保骑行的安全性。

下坡骑行过程中，如果车速过快或有意外情况出现时，要及时刹车，这时应主要使用后闸。如果后闸达不到理想的刹车效果，可以轻轻地按动前闸，但不要把前轮完全锁住。在下坡时最好不使用前闸，因为一旦摔倒，从自行车上往后摔要比从车把上向前甩出去安全得多。

5. 弯道

在过弯道时，注意转弯前要对车速进行合理的控制。用点刹的方法来达到减速效果，尽可能同时使用前后闸，待进入弯道后将闸放开，转弯时，身体和车子的倾斜方向要保持一致，即向里倾斜，上体和车子成一条直线，以对离心力加以克服。倾斜角度一般不超过 28°，具体要以速度和弯道大小来确定。如果角度过大，滑倒的现象就很容易出现（见图 5-7）。

图 5-7

转弯时，健身者还可以像专业摩托车手那样使内侧的膝盖触地。如果弯道不是太急，并且脚蹬离地面还有足够的距离，可以再踏几下脚蹬，以进一步提高车速。有些车手喜欢使外侧的脚蹬处于低位，并用脚使劲踩住，以减少鞍座所承受的重量。这样，身体可以充分放松，同时又能增大内侧脚蹬与地面之间的距离，但这样做会影响平衡性。这时可以向下按压内侧的车把，以增加前轮同地面的摩擦力。

6. 泥泞、杂草丛生的地形

在旷野骑车健身随时会遇到满是泥浆的路面、杂草丛生的地形，健身者要做好思想准备，同时需掌握一定的骑车技巧。

骑车外出不可能总会遇到干爽的天气，因此要有应对恶劣天气的准备，比如可能会遇到满是泥浆的路面。遇到这种情况，不要回避。要知道，在下坡或爬坡的过程中，滑倒是不足为怪的，扛着自行车走也是经常的事情。车轮与车架接合的地方很容易积满泥巴，泥巴更是常常粘在轮胎上，致使自行车寸步难行。如果有水，从水中骑过去，可以去掉泥巴，使问题有所缓解。遇到大面积的沙地、泥浆和水时，要保持身体的重心离开前轮，落到鞍座的后部。尽量不要刹车，因为刹车会减少轮胎与地面之间的摩擦力。也不要挺直后背，不然会失去控制。把自行车调到比较省力的齿轮上面，让前轮从沙土、泥浆和水面上方轻轻地“飘”过去。

如果所经过的地方植被比较浓密（如森林中铺满树叶或小草的地面），自行车骑起来自然会比较费劲，但一定不要用力太大，以免使自己处于紧张状态，消耗大量的体力。有时这种地形还会使轮胎同地面之间的摩擦力减小，健身者要像对待泥泞地形一样来对待这种地形。在这种情况下骑车，需要对自行车及其相关部件的操作规程做一些调整，最好安装适合在泥泞环境中使用并能增加与地面之间摩擦力的轮胎。

第三节　其他流行体育运动的开展与健身方法指导

一、轮滑运动的开展及健身方法指导

（一）轮滑运动在我国的开展状况

目前，轮滑运动在我国的发展情况较好，其在青少年群体中广受欢迎，并对青少年产生了深远的影响。不管是轮滑运动的规模，还是轮滑技术的质量，目前都取得了质的飞跃。

轮滑运动对硬件和软件的要求都比较高。我国经济发展水平在不断提高，高校校园建设在逐步推进，这就为轮滑运动的开展提供了良好的外部条件。而科技尤其是网络的不断进步，又为我国轮滑运动的发展提供了一定的软件条件，在我国健身群体中，通过观看网络视频来对轮滑技术加以学习已经成为一种时

尚。客观而言，不管是在竞技层面，还是在娱乐层面，我国轮滑运动都取得了良好的发展成就，其在促进我国健身群体尤其是青少年群体身体素质的提高方面发挥了重要的作用。

轮滑运动在我国之所以得到了良好的开展，除了软件与硬件环境的支持外，还有一个主要原因，即政府的支持和帮助，尤其是我国政府倡导的全民健身运动的大规模推广，更是为轮滑运动在我国的开展与快速发展提供了重要的支持与保障。

（二）轮滑运动健身指导

1. 站立技术

(1)平行站立

在轮滑健身运动中，采用平行站立方法时，健身者两脚平行分开，与肩同宽，脚尖稍内扣，膝部微屈，重心落在两脚之间（见图5-8）。

(2)“八”字站立

健身者两脚跟靠近，脚尖自然分开，上体稍前倾，双膝自然弯曲，身体重心落在两脚之间。在确保重心平衡后双脚换成平行站立，上体仍前倾，使重心落在两脚之间（见图 5-9）。

(3)“丁”字站立

健身者两脚成“丁”字步站立，前脚跟卡住后脚的脚弓，上体稍前倾，双膝自然弯曲。身体重心落在后脚上。然后两脚交换位置，再呈丁字步站立，到站稳为止（见图 5-10）。

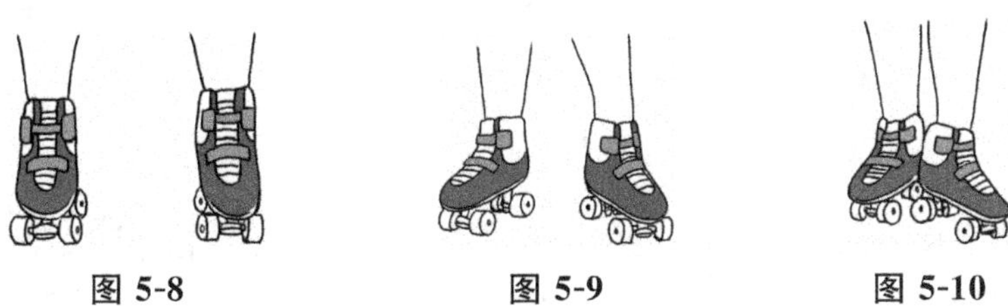

图 5-8　　图 5-9　　图 5-10

2.蹬地技术

以单脚蹬地，双脚向前滑行为例，健身者左脚在前成“丁”字形站立，右脚用内侧轮向身体的侧后方蹬地，左脚尖稍向外撇向前滑行，身体重心随之移至左腿上，同时右脚收成双脚着地，向前滑行。采用这一方法蹬地时，要注意双脚滑行阶段应长些，两脚交替进行，两臂在体侧自然地摆动，肩要放松，上体前倾度应比走步时稍大。

3.滑行技术

(1)向前滑行技术

向前滑行主要有单脚向前直线滑行、前葫芦步、双脚滑行和前双曲线滑行等几种方法，下面以单脚向前直线滑行为例来进行阐述与指导。

健身者原地两脚成“T”形站立，左脚在前，右脚在后，两腿稍弯曲，用右脚内刃蹬地，重心慢慢移至左腿，右腿蹬直后右脚蹬离地面，成左脚向前沿行。然后收右脚在左脚侧面落地，左脚蹬地重复上述动作，成右脚单脚向前滑行。两脚交替向前直线滑行，两手自然分开，维持身体平衡(见图 5-11)。

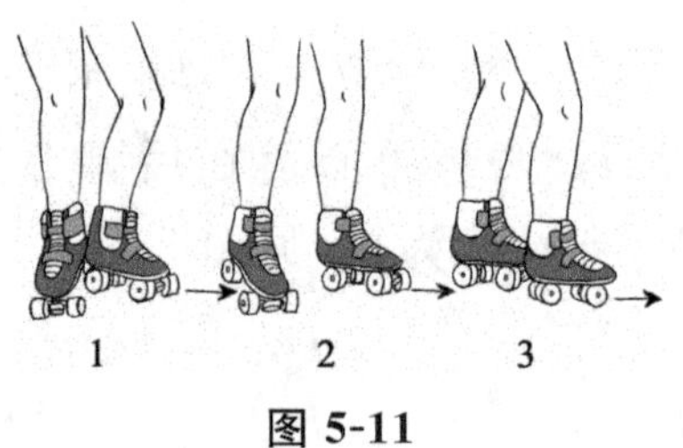

图 5-11

(2)向后滑行技术

健身者向后滑行时，要确保已基本掌握向前滑行的技术，这样才能取得良好的练习效果。以向后蛇形滑行为例，两脚分开约一脚距离，两腿弯曲，脚尖稍向内转。用右脚内刃向前下方蹬地，身体重心移向左侧，成左脚向后滑行。右腿伸直，随即右脚放在左脚侧面，恢复开始的姿势。然后再用左脚蹬地，身体重心移向右侧，成右脚的向后滑行。左腿伸直，随即左脚放在右脚的侧面。依次重复上述动作，连续向后滑行。上体始终保持稍前倾姿势，两膝弯曲，两臂自然张开(见图 5-12)。

图 5-12

(3)转弯与转体技术

①前滑压步转弯

以向左转弯为例，健身者身体重心置于左脚，上体略向左倾斜；右脚步向右侧后方蹬地结束后，收腿提至左脚的左前方着地；左脚再向右脚步的右侧后方蹬地，推动右脚向左滑行，重心随势移到右脚上，上体略向左转。向右转弯，动作、方向相反。转弯时，健身者要注意两臂张开，配合蹬地摆动，以保持身体平衡(见图 5-13)。

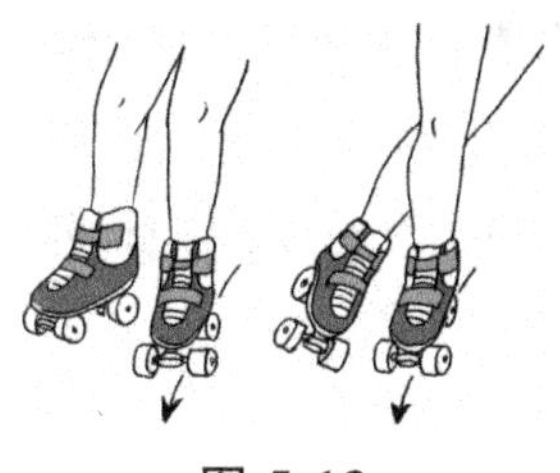

图 5-13

②后滑压步转弯

以向左转弯为例，健身者两脚前后分开后滑，右脚在前，左脚在后，身体重心落在右脚上。左脚提起，在右脚的左后方落地，然后身体重心移到左脚上；与此同时，左脚向右侧蹬地，右脚移至左脚左前方，右膝弯曲，两脚交叉，形成压步动作，身体重心移至右脚上，上体向左倾斜。向右后方转弯，两脚动作、方向相反。在转弯时，健身者要注意将两臂张开，摆动配合蹬地，以保持身体平衡。

③双脚前滑转体变后滑

以滑行中向左转体为例，健身者两脚平行前滑，左脚后轮支撑，前轮离地向左转。右脚前轮支撑，后轮离地在左脚后滑行。同时上体和手臂也配合向左转体 180°，接后滑。向右转体与向左转体的技术方法基本相同，但动作、方向相反，在掌握向左转体技术后，能够自学向右转体。

④双脚后滑转体变前滑

以向左转体为例，健身者重心移至右脚，左脚提起，随上体和手臂向左转体 180°落地支撑。重心移至左脚，同时右脚蹬接前滑。向右转体方法相同，但动作、方向相反，在学练时要注意区别左右转体的不同动作与方向。

4. 停止技术

停止技术是指在滑行中停下来的方法。最基本的有内“八”字停止法和“T”形停止法。

(1)内“八”字停止法

在向前滑行的过程中，健身者两脚保持平行站立，然后脚尖向内转，两脚以内侧轮柔和地压紧地面，弯曲双腿，上体稍向前倾并微向下蹲，两臂向前伸展以保持身体平衡，逐渐减缓速度至停止滑行(见图 5-14)。

图 5-14

(2)"T"形停止法

单脚向前滑行，在浮足与滑行脚的后跟成"T"形后，浮足慢慢置于地面，以内侧轮柔和地压紧地面，减缓向前滑行的速度直到停止滑行(见图5-15)。

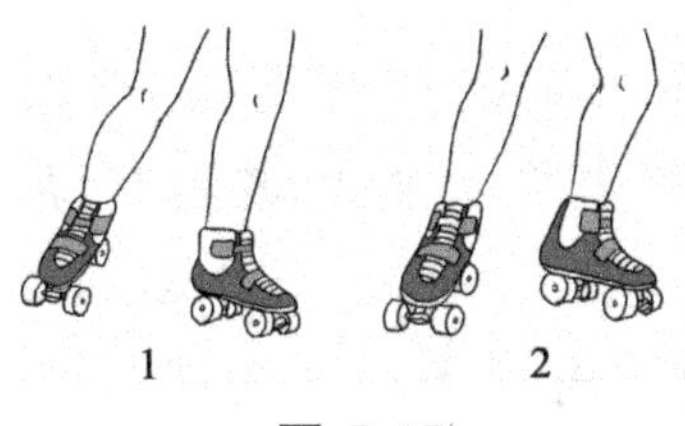

图 5-15

二、滑板运动的开展及健身方法指导

(一)滑板运动在我国的开展情况

20世纪60年代初，滑板运动在美国诞生，其是由海上冲浪运动演变而来的一项新兴休闲运动。滑板运动传入我国后广受欢迎，拥有庞大的群众基础，这主要是由于滑板运动集中了冲浪、滑雪的特征，具体来说，滑板运动中的冲大跳台、探角、翻转等动作与滑雪很相似，而滑板中的平衡技巧与冲浪又很相似。这样，喜好冲浪与滑雪的群体也逐渐参与到了滑板运动中，从而使我国的滑板健身人群逐渐增加。

滑板运动在我国群众基础广泛，取得良好发展的原因还在于其具有多方面的功能与价值。滑板运动能够促进健身者大脑细胞的活跃，对小脑发育产生刺激，促进心肺功能的提高和骨骼的发育，并对平衡、协调能力具有良好的锻炼作用。此外，滑板运动崇尚自由的运动方式，具有一定的挑战性，能对人的意志进行磨炼，能满足青少年群体的冒险需求，因此，受青少年欢迎的集技巧和娱乐于一体的时尚休闲滑板运动在我国得到了广泛的开展。

然而，在我国滑板运动的发展中，因为各种原因而在滑板运动中出现运动损伤的情况也有很多，这会在一定程度上影响受伤群体的继续参与，从而影响我国滑板运动的开展。因此，为了避免出现运动损伤，避免影响人们参与滑板运动的积极性，滑板运动健身者在参与过程中需要做好准备活动，掌握自我保护的方法，严格佩戴护具，选择安全的场地。

随着滑板运动在我国的广泛开展，各类滑板比赛也开始出现。当前，我国滑板赛事中较为知名的有湖州极限运动大赛、全国极限运动精英赛、冲浪中国 Silver Dragon 滑板对决赛。这些赛事的开展对于促进我国滑板运动的发展具有重要的影响。

（二）滑板运动健身指导

1. 滑行技术

滑行是滑板运动的一个基本技术，包括滑行姿势和上下滑板、惯性滑行、障碍滑、下坡滑等各种技术。

(1)滑行姿势

一般来说，滑板者都是横行的。初学者在启动的时候，不要让身体与滑板成横行状态，否则很容易摔倒。左脚在前右脚在后的站法叫 Regular Foot，右脚在前左脚在后的站法叫 Goofy Foot。这两种站法没有对错之分，健身者可以根据个人习惯选择自己喜欢的站姿。当习惯于一种姿势之后，与之相反的姿势叫作 Switched。Switched 动作比较难，只有少数高手才能做到。倒滑的姿势叫 Fakie，这比一般的滑行动作有一定的难度，但是与 Switched 相比较为容易。Fakie 姿势动作基本和前滑的姿势一样，只是方向相反。

(2)上下滑板

在滑板运动的健身过程中，上下滑板是最基本的技术。在滑板上的站法主要有两种，即正向站法（左脚在前，脚尖向右）和反向站法（右脚在前，脚尖向左）。健身者可根据自己的习惯进行选择。

①上滑板

双脚自然站立，在脚前的地上将滑板平放；一只脚先踩在滑板的前端，另一只脚不动；身体重心移到踩在滑板上的那只脚上，上体稍微向前倾，弯曲膝盖，伸展手臂，保持身体平衡；踩在地上的那只脚轻轻蹬地，然后收到滑板上，放在滑板的后部，整个身体和滑板开始向前滑动。

②下滑板

身体向前倾，将身体重心放在前脚上，然后像起落架一样将后脚放在地上；后脚落地后，支撑身体重心，然后前脚抬起，两脚都落在滑板的一侧。

(3)惯性滑行

将左脚踏在滑板的中前部靠左的位置，右脚踩在地上，左脚支撑身体重心；右脚蹬地促使滑板向前滑动，然后收起踩在滑板尾部，以便保持平衡站立；滑行一段距离后，再用右脚蹬地，重复动作；如此反复练习，在掌握好短距离的滑行技术之后便可做较长距离的滑行练习了；一般进行 10 米、20 米短距离的滑行，然后逐渐将距离增加到 50 米、100 米，反复练习直到熟练加速滑行的动作为止。

(4)障碍滑

障碍滑指的是在滑行中遇到障碍时进行急转、急停或改变速度进行跨越。主要可以通过两种方式来调整速度：一是后脚控制身体重心，通过身体前倾来带动滑板向前滑行；二是双脚在滑板面上用力蹦，利用滑板面的弹性滑行。

(5)下坡滑

下坡滑时，滑道的距离应稍长些，如果既有快速下滑段、中速下滑段，又有延伸较远的缓冲段就更好了。控制平衡与速度是下坡滑技术的重点，也就是要稳定地滑行。

双脚置于滑板两端，在转弯处或需要做跨越动作时，要将双脚移至滑板中央；面部和身体朝向正前方，身体蹲伏下来，大腿靠近前胸，两手伸出。

2. 翘板和翘停技术

翘是滑板运动中的常用技术动作，包括最基本的翘板技术和180°翘停等。

（1）翘板技术

推动滑板到滑行速度；左脚踏板尾，右脚踏板前端，以便控制，或踏前轮后侧，以便翘板；将重心移到左脚，身体前倾，使板端在空中停留时间尽可能延长；让板尾间或轻轻刮地，以保持平衡。

（2）180°翘停

滑行时将板端翘起，直到板端刮地，同时整个身体按逆时针方向旋转 180°；翘板和旋转要合拍，支撑脚要足够稳固，使滑板旋转 180°后停下来。

3. 下坎与上坎技术

跨越台阶时，经常会使用下坎与上坎技术。

（1）下坎

下坎也叫作“下台阶”，靠近台阶时，后脚支撑重心；在板端越过台阶边沿时，将前轮抬起；保持这一姿势，略向下蹲，准备着地。

（2）上坎

上坎也叫作“上台阶”，靠近台阶时，后脚支撑重心；在到达台阶边沿时，抬起板端跳过；在空中迅速将重心从后脚移到前脚；将滑板前端按到台阶上，板尾随即落到台阶上。

4. 旋转技术

旋转技术在滑板运动中非常重要，在急停和躲避障碍会重点采用这一技术。下面对反转、转圈及单轮旋转这三种旋转方法进行阐述。

（1）反转

向前滑行，达到适当速度时，将两脚尽量张开，置于滑板两端。前脚支撑身体重心，使板尾翘起，同时以顺时针方向旋转

180°,然后将滑板倒转过来,右脚成支撑脚。

(2)转圈

将滑板向前推,然后站上去,两脚跨立,左脚可以灵活移动。将重心压于板尾,使板端抬起3~5厘米;当板端在空中时,身体按顺时针方向转动;前轮着地时,滑板向右偏转;将这一系列动作综合起来进行连贯练习。

(3)单轮旋转

滑行到适当的速度,翘起滑板前端,用后轮做360°旋转;保持好身体的平衡,尽量使滑板在空中停得久些;用手抓住滑板前端,保持住平衡的支点,使人和滑板一起旋转;然后后脚踩滑板的一边,使后轮的一个轮子离地,至少要转两圈以上。

5.跳

滑板运动中有多种跳的技术,如旋转跳、跨跃跳、人带板上跳和人与板分开上跳等。

(1)旋转跳

滑行时使滑板保持水平,身体略向下蹲,向上跳起,旋转180°,两腿略收拢;落下时两脚之间的距离约30厘米,对双脚落下的位置不必要做过多的考虑,只要双脚落在滑板两端即可。

(2)跨跃跳

起跳时动作要稳,只有从容不迫才能保证动作的稳定;跨跃的长度要根据具体情况而定;落下时重心落于两腿之间,左脚在前,右脚在后。

(3)人带板上跳

向前滑行,靠近障碍物时双膝稍微弯曲,手臂预摆,后脚用力使滑板前端翘起,利用速度惯性带滑板一起越过障碍;落地时双腿要有缓冲动作,重心始终在两脚之间,腿部略弯曲。

(4)人与板分开上跳

向前滑行时,双脚相互靠近,两脚置于滑板前半部分,但应在前轮之后;在接近横杆时垂直跳起;下落时目视滑板,力量要均匀，腿部稍微弯曲，尽量落在滑板中间，位置和起跳时基本相同。

6. 脚上技巧

滑板运动极具观赏价值，如果能够对脚上技巧进行熟练运用，就更能为滑板运动增添魅力了。滑板运动中常用的脚上技巧有脚跟悬空和带板摩擦。

（1）脚跟悬空

滑板保持适当的滑行速度，旋转前脚使脚尖对着板尾，脚跟与板端交叠；将重心放在左脚大脚趾，慢慢将另一只脚移到滑板前端；当双脚后跟悬空时，膝盖弯曲，以保持平衡。

（2）带板摩擦

在向前滑行靠近障碍物时，双膝略弯，两臂预摆，后脚用力，使滑板随身体腾空；目视滑板，注意在障碍物的边缘处掌握好平衡；落下时重心落于两腿之间，落地时注意双腿的缓冲动作。

三、飞镖运动的开展及健身方法指导

（一）飞镖运动在我国的开展情况

在我国，飞镖运动的普及推广已经有一段时间了，然而其对于我国而言，仍是一项新兴休闲体育项目，且渐渐得到了更多人的关注与喜爱。尽管对飞镖运动具有一定认知意识的人有很多，很多人也购置了不同档次的镖盘，但飞镖运动要比人们的一般认知更复杂。作为一项正式体育竞赛项目，世界性的飞镖大赛每年会有很多。但我国举办的飞镖赛事却很少，因此制约了飞镖运动在我国的普及和长久发展。

作为大众健身的一个重要项目，飞镖运动非常值得推广和普及。目前，欧美、日韩等国家的飞镖运动已经开始走向了职业化、多样化与普及化，与这些国家相比，我国的飞镖运动仍是小众运动，其市场还不成熟，除中国飞镖联赛外，已经没有其他规模化、品牌化的国家级飞镖竞赛了。中国飞镖联赛是我国唯一的全国性飞镖赛事,其对于促进飞镖运动在我国的普及与推广,推动我国飞镖运动的职业化发展具有重要的意义。

在网络技术日益发展的背景下,一些体育运动正在逐步向社交体育的方向发展,飞镖运动也不例外,其不仅具有竞技性,同时具有娱乐交互性。为促进我国飞镖运动职业化发展进程的不断加快,我国在中国飞镖联赛中设置了高额的奖金,很多优秀的飞镖高手在赛事中脱颖而出,并逐步走向国际舞台,这对于加强我国与世界其他国家飞镖运动的交流起到了积极的促进作用。

此外,我国大力推行全民健身计划,致力于全面促进我国人民群众身体素质的提高,这也为飞镖运动成为大众健身的重要项目,为飞镖运动的大范围普及与推广提供了良好的机遇。

(二)飞镖运动健身指导

1.站姿

每个人都有自己习惯的站姿,有的人喜欢笔挺地站着;有的人喜欢倾斜着身体站立,只用一只脚来承担身体重心;有的双脚并排站立;有的双脚一前一后站立;还有双脚横着,身体向右对着镖盘站立的人。双脚的位置是飞镖运动中站姿的重点。健身者参与飞镖运动进行掷镖时,一般可采用以下三种站立姿势。

(1)正向投镖

正面站立,脚尖保持平行,与投掷方向相对,双脚的距离同肩宽(见图 5-16)。

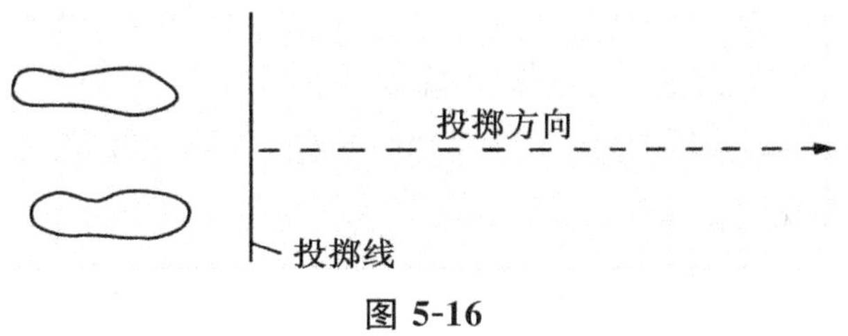

图 5-16

(2)斜向投镖

健身者在初学飞镖时,可采用斜向投镖的站姿,一脚在前一脚稍后站立,身体以一定的角度旋转,站立后感到舒适就可以(见图 5-17)。

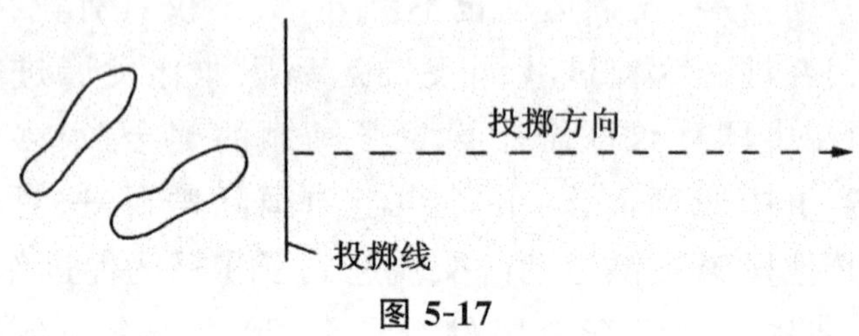

图 5-17

(3)侧向投镖

侧向站立,脚尖向前,身体保持直立,双脚之间的距离同肩宽(见图 5-18)。

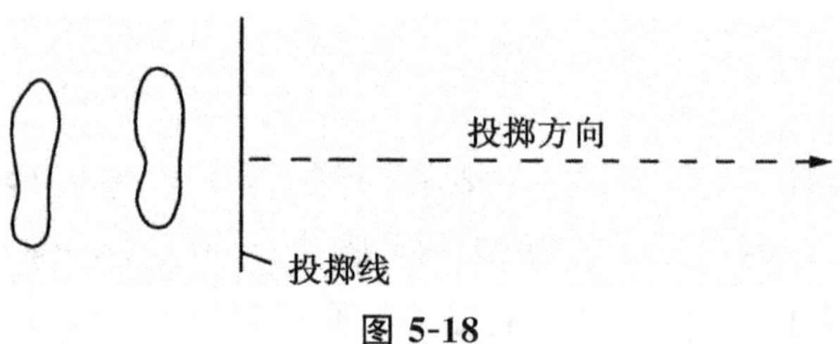

图 5-18

一般来说,舒适、稳定、平衡是飞镖运动中站立姿势的三个基本要求。

2. 握镖

健身者在练习握镖时,要把飞镖放在掌沿上,观察其重心,也就是平衡点。拇指将飞镖向四指尖端滚动,再将拇指放到飞镖的重心后面一点,最后用其余手指将飞镖抓住。健身过程中,具体要根据实际情况来决定用几个手指抓飞镖。握镖的方法有很多,但与这种标准握镖法没有很大的差别。下面阐述三种常用的握镖法。

(1)拿毛笔式的握法

用拇指、食指、中指的末节指腹将镖筒握住,镖尖指向前,将前臂屈起,镖与眼在同一高度上(见图 5-19)。拿毛笔式的握法有很好的稳定性,对飞镖技能掌握得较好的健身者可采用这一方法。

(2)拿钢笔式的握法

用拇指、食指的指腹将镖筒握住,中指在下将镖筒抵住,镖尖指向前,将前臂屈起,镖与眼在同一高度上(见图 5-20)。

(3)全握法

用拇指、食指、中指、无名指将镖筒握住,小指指尖在下将镖筒抵住(见图 5-21)。健身者在练习时要注意,虽然全握法有较好的稳定性,但不够灵活,因此健身者要根据个人情况来考虑是否使用这一方法。

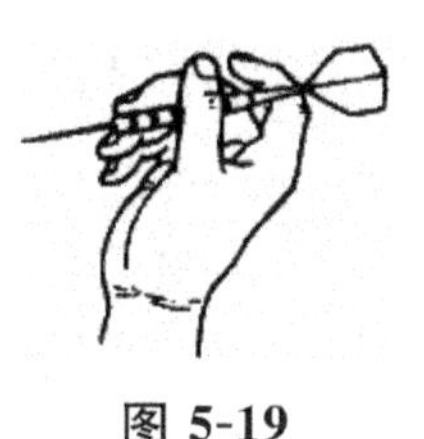

图 5-19

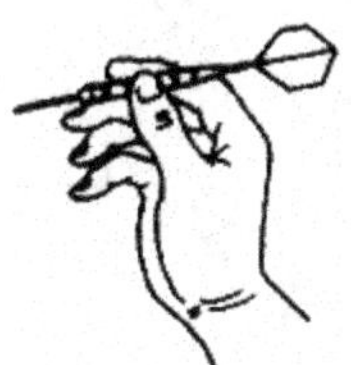

图 5-20

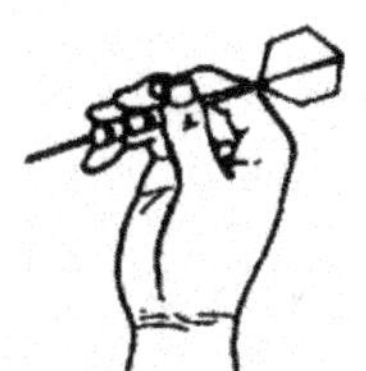

图 5-21

3. 投镖

投镖是飞镖运动的一个关键技术。一旦开始进入投镖阶段,就要使胳膊充分动起来。健身者在准备投镖时,投掷臂的上臂与前臂要保持一定的角度,放松手腕。投掷时身体保持稳定,上臂要尽量减少摆动,前臂发力并积极摆动,将飞镖投出。

投镖后,要尽量使飞镖飞行的轨迹为抛物线。因此健身者在瞄准目标时,应该稍微抬高飞镖,在后移时加大抬起的角度,前移时减小抬起的角度;镖脱离手时基本上是水平方向,但还是有向上的角度,只是不明显而已。健身者在练习中还要注意,任何时候都不要使飞镖镖尖朝下。飞镖飞行是按照抛物线的轨迹进行的,因此其飞行的高度取决于抛物线的曲率,而飞镖投掷的力度又决定了抛物线的曲率。投镖动作具体有如下五个步骤。

(1)瞄准

眼睛、镖、目标点保持在一条直线上。健身者必须对准目标,这是保证投镖成功的第一步。

(2)后移

健身者在投镖过程中后移时应注意控制速度,不要以太快速度移动。一些初学者不敢后移,担心失去重心,要很好地控制重心就需要多多练习。一些技术水平较高的健身者很少后移。健身者可以自己根据情况决定后移的幅度。通常而言,后移得越远越好,有些人因为难以控制重心,所以不能充分后移,导致投镖的加速度和精度欠缺,这是初学者常犯的一个错误。

(3)加速过程

加速时切忌过快与用大力,尽可能地保持圆滑的运动,使飞镖出手后能够沿着抛物线方向飞行,加速时要注意肘部适当抬高。如果要甩腕,也要按照曲线方向甩。

(4)矢放

矢放是前面几步的自然延伸,如果投掷方法准确,就不会有太大的问题。健身者如果感觉无法掌握好矢放点,很大一部分原因就是之前的技术动作有误,如肘部没有提起,或者没有随势动作。

(5)随势动作

健身者在投掷飞镖的过程中,要注意做好随势动作。在将镖投出之后,手要继续沿着之前瞄准目标的方向跟进。初学者在练习时经常犯的一个错误就是投掷飞镖后立即将手臂垂下,要注意避免这一错误。

第六章　社区体育健身活动的开展与科学指导

社区体育健身是现代大众健身的重要组成部分，是我国全民健身战略开展的一个重要工作重点。社区在宣传、推广大众健身理论及活动方面具有独特的优势，同时具有建立和谐邻里关系、文明社区的重要功能与作用。体育健身活动众多，就目前我国社区发展环境和体育活动开展条件来讲，主要是结合社区体育设备设施（体育健身器材）开展的居民自发性的体育健身活动。本章主要就当前我国社区体育开展的现状进行整体分析，并针对社区特点对社区常设健身器械的具体健身方法进行详细阐述，以便为社区居民科学利用社区健身资源从事健身活动提供理论和实践指导。

第一节　社区体育开展的现状分析

一、社区体育的管理体制

社区，主要是指法定的基层社区，在城市中，通常是指街道办事处和居民委员会；在农村则是指乡镇和村民委员会。社区建设最先由行政部门纳入行政管理体系，后逐渐发展成为我国政府和社会建设的重要方面。

我国社区体育处于起步和发展阶段，并且其发展具有很大的不平衡性，具体表现为城市社区体育发展迅速，而农村社区体育较为滞后，这主要是受经济发展水平的限制。

相较于国外大众体育发达国家来讲，我国社区体育发展的时间并不长，但是由于党和国家的重视，经过几十年的发展，其管理体制也在逐步发展与完善着，当前，城市社区体育是社区体育中最先发展、最为重要的组成部分，对于社区体育管理体制的研究也是主要针对城市社区体育管理体制的研究。农村的社区体育在发展到一定的阶段之后，可对城市社区体育的管理体制进行相应的借鉴。

（一）社区体育管理组织构成

这里主要针对我国城市及小城镇社区体育管理体制现状进行详细分析。当前，我国城市社区体育组织形式主要有以下五种。

(1)社区体协。

(2)住宅区体协。

(3)晨晚练活动站(点)。

(4)地(片)区体协。

(5)街道体协。

目前，我国基本的城市社区体育管理组织是社区体育协会，它是一种基层化的组织结构，在组织形式上，它是以社区办事处为依托，以社区单位和居委会为参加单位的，属于上位管理型组织。而属于下位活动性组织的有：居委会体育小组、社区单位体协、体育服务中心、体育俱乐部、体育辅导站、晨晚练活动站(点)、专门体协等组织。其中，社区体育与单位职工体育两者关系密切，社区单位体协是其具体表现。

社区体育管理中常见的方式主要有以下几种。

(1)健身活动点。主要由锻炼要求相同的人自发自愿组成并约定相应的锻炼地点。

(2)运动队。主要是由具有某项运动爱好和特长的人自发自愿组成。

(3)体育锻炼小组。这种小组主要是由具有相同兴趣、要求、条件、爱好的人自发自愿组成。其中，长跑小组、太极拳小组、体育医疗活动小组等最为典型。

(4)文体活动室(站、中心)。它是将文化与体育相互结合在一起进行组织的一种形式。其中，村文体活动室、乡文体活动站是典型代表。

(5)体育技术辅导站或体育技术辅导中心。健美操辅导站、交谊舞辅导站以及太极拳辅导中心等是其典型代表。

(6)体育俱乐部。例如，健身俱乐部、健美俱乐部、游泳俱乐部等。

(7)体育协会。街道体协、老年人体协、火车头体协、科文集团体协、钓鱼体协等。

(8)青年之家、老年人之家。社区青年和老年人进行娱乐、健身、健美、休闲、文化的体育组织形式。

(9)文化宫或文化馆，以及体育场馆能够为社区体育提供专(兼)职服务及相关的体育场地条件等。

在城市社区体育建设过程中，街道办事处是重要的基层管理机构，它对社区体育的发展起到了重要的推动作用。随着科技的发展，为了促进社区体育的进一步发展，使得管理更加科学、高效，可建立相应的社区体育管理网站，促进管理水平的提高。

现阶段，随着我国对社区体育发展的重视，我国各城市和乡镇体育指导站数量正逐步增加，其中，县级体育指导站增加比例较大。基层体育指导站数量的增加，为我国建立健全的社区体育组织网络奠定了良好基础。

(二)社区体育管理体制构成

当前，我国城市及小城镇社区体育管理指导正在经历一个由片面向科学化的转变过程。从城市社区体育发展的管理体制角度来看，城市社区体育在以往群众体育“以条为主”的管理体制上有所突破。从城市社区体育发展的管理角度来看，群众体育已经深入到城市的最基层，并且形成了新的群众体育管理体制，这一管理体制是“条块结合”“以块为主”的，其形成为我国实现群众体育普遍化、生活化提供了组织保证。群众体育健康活动的基本阵地主要包括城乡社区体育指导站和活动站。

21 世纪是我国重要的经济社会转型期，社区建设将为我国的改革和发展起到积极的促进作用，因此，我国高度重视社区建设。通过开展社区建设，能够增强基层社区经济、社会、政治等方面的全面提升，具有重要的现实意义。作为社区建设的重要方面，社区体育建设是社区建设的重要组成部分，因此，党和政府重视社区体育的发展，尤其重视社区体育管理人才的培养与管理，这是社区体育发展的根本所在。

从城市社区体育建设发展的角度上来说，新中国成立以来，城市体育的开展已经取得了大量的经验，但是，需要注意的是，这些经验主要针对的是计划经济条件下的体育形态。因此，在社区体育管理体制的发展中，应该着重关注的方面主要包括建立新时期我国城市体育管理体制，对社区体育健康顺利的发展进行积极的指导，将它在城市体育中的重要作用充分发挥出来。

（三）社区体育组织管理任务

随着我国经济和社会各项改革的深化进行，社区的职能也在不断丰富和完善，同时，这也给社区的建设和发展提出了更高的要求。通过开展社区体育，不仅能够有效促进人们体质的发展，更为重要的是它的社会作用，具体表现为其对于人们生活方式的改善以及人际关系的维系等方面的作用。为了更好地促进我国的精神文明健身，人们应将发展和完善社区体育作为一种重要的手段。

现阶段，加强基层社区建设、完善社区服务已经成为经济社会改革的重要方面。在各级党和政府的领导下，依托社区的各种资源，解决社区发展过程中的各种问题，强化社区的职能，使社区的经济、文化以及环境等各方面协调发展，最终提高人们的生活水平，是我国现阶段社区建设和社区体育组织管理的重要任务。

二、社区体育活动的开展

（一）社区体育活动内容

目前，日常性晨晚练活动是社区体育的主要活动内容，其内容分为五大类，即走、跑、操、拳、功。具有明显的非竞技化特征，同时又表现出韵律性、表演性、传统性和文体一体化等特点。

由于不同社区体育文化的不同，以及社区基础设施条件的制约，不同社区对于体育活动的选择具有一定的差异性。一般而言，趣味性较强的体育活动易于在社区中开展。

（二）社区体育活动形式

当前我国成熟的社区中，社区体育的活动形式主要包括以下两种。

(1)日常性活动。日常性体育活动包括晨练、晚练等，以小规模的活动为主；日常竞赛规模相对较大，参加人数相对较多，并且不同的社区开展的竞赛项目不同。各个晨晚练活动点一般无规章制度，来参加锻炼的人完全以自愿为原则，锻炼计划、锻炼时间、方式等方面，由参与者共同协商决定。

(2)经常性体育竞赛。主要安排在节假日，又可按季节安排举行。具体活动内容根据各社区开展的体育活动的不同而有所差异。

（三）社区体育活动参与人群

社区体育人群决定了社区体育的运动项目，同时，相应的运动项目也吸引着不同的人参与其中。例如，在日常晨晚练时，活动的人群多为老年人，并且运动形式相对舒缓。在制订相应的竞赛计划时，应充分考虑项目类型和社区人口结构之间的适应性，使得各类人群都能参与其中。

（四）社区体育活动的管理和指导

1.社区体育活动的管理者

调查显示，当前，我国社区体协中，专职人员比例少，存在一人身兼数职的现象，就管理层来讲，大多是体协聘请的具有从事体育工作经验的离退休人员，社区体育活动的管理者年龄较大，同时，由于社区体育管理内容复杂等因素的影响，管理者在管理工作中投入的时间和精力十分有限，对社区各项体育活动的开展和良好效果的获得具有一定的制约作用。

2.社区体育活动的指导者

当前，我国体育指导员分为有偿和无偿两种，其中无偿指导员所占比例高于有偿指导员。社会体育指导员多为离退休人员担任，且专业知识结构不完善，在整个社区体育活动的科学指导方面存在一定的局限性。随着我国对群众体育工作队伍（以体育行政管理人员为主导，以体育社会团体人员和基层体育干部为主线，以社会体育指导员为主体）建立的重视和各项相关工作的落实，我国社区体育指导员的人数以及社区指导员的专业知识水平均有不同水平的提高。

三、社区体育的物质条件

社区体育活动的物质条件主要包括两个方面：一是进行社区体育活动的场地、器材和设施等；二是开展相应的社区体育活动时的经费。

（一）社区体育活动的物质条件

社区体育的物质条件主要体现在场地设施方面。随着我国大众对体育认识的加深和对身心健康的追求，人们在各种可利用的场所（如公园、空地和江河湖畔等）开展体育活动，因此，社区体育活动的场地不仅包括社区单位体育场（馆）、社区公共体育场地，还包括公园和自然空地。

我国大部分体育基础设施建设都是由国家出资建设的，如国家体育总局利用体育彩票公益金修建了全民健身工程。这些健身场地、设施的投放使用，在一定程度上有效缓解了社区健身场地、设施不足等问题。

近年来，随着我国对全民健身事业的大力支持，我国各地的社区体育设施建设不断完善，大大提高了社区体育健身的物质条件，为社区居民提供了健身的便利条件。一方面，在硬件设施上注重体育附属设施的建设，附属设施服务强调舒适性和人性化，如更衣室、沐浴房、厕所的清洁和私密性等。相关设施服务包括餐饮、会议、购物等。另一方面，在软件设施上，根据市场情势加以确定。采用分层服务方式，提供高端（采用高质量、高消费形式）、中端（介于两者之间，采用舒适化消费模式，以充分满足不同层次群众的体育需求）、低端（采用大众化量贩消费模式）三种服务模式，充分满足了不同经济水平的社区居民的体育健身需求。

（二）社区体育活动的经费来源

现阶段，我国基层社区活动经费主要来自个人缴纳的会员费或比赛报名费，社区拨款，社区单位集资，赞助三个渠道。其中，个人缴纳的会员费或比赛报名费获得的经费金额较多。缴纳会员费、培训费、比赛报名费等方式主要是解决晨晚练活动站（点）的经费问题。

总的来讲，社区的经济实力决定了社区拨款数量的多少。社区单位集资的形式主要包括交会员费、团体报名费等；社区单位进行赞助的方式一般是用产品或企业名称命名比赛，赞助商为社区体育活动提供赞助经费。

四、社区体育存在的问题

（一）社区体育参与人群比例不合理

目前来看，我国社区体育的参与人群不多，其锻炼人群年龄呈两头大、中间小的现象，参加锻炼并经常坚持的人群主要包括老年人和学校学生。中青年，尤其是上班族参加社区体育锻炼的人数较为稀少。

从社会人员构成来看，青年人和中年人是社会建设的主力，但这些人并不是社区体育的主要参与人群。就青年人来讲，由于现代社会休闲方式多样化，青年人沉迷各种休闲活动，同时对体育和健康认识不足，因此很少参与体育活动。就中年人来讲，中年人特别需要通过体育活动消除疲劳、调节心情、平衡生活。但是事业、家务忙是其参加体育活动的主要障碍，根据其余暇特点和体育需求，有针对性地设置活动时间和活动内容，吸引其参加社区体育活动是当前社区体育面临的重要问题。此外青年人和中年人还面临着工作的压力，尤其是在大城市，工作压力大、通勤时间长，很少有时间参加社区体育活动。

老年人是社区体育的主要参与人群。究其原因，中老年人处于离退休状态，由于收入下降，机体衰老，社交缺乏等原因，对体育活动有较高的需求。我国针对老年人体育实施的“身边的设施，身边的组织，身边的活动”举措，广受欢迎。目前，以社区体育为主要形式的老年体育得到了快速发展，而如何进一步丰富老年人体育内容是今后社区体育的重要发展问题之一。

（二）社区体育场地器材建设不完善

社区内的体育场地、设施建设，具体来说，主要包括满足社区居民生活需要的体育基础性设施，比较具有代表性的有健身路径、环境绿化、健身器械、文化娱乐设施等。在社区内的楼群之间、闲置的空地之间，以及公园内都要合理布置一些简易的体育健身设施；各个居委会都要设置至少1个固定的晨晚练活动点。这些体育设施的建设情况将直接影响社区居民的体育参与热情。

北京是首都城市，是我国政治文化的中心，因此体育设施的建设相对其他地方是比较多的，然而调查显示，北京社区体育的活动场所选在广场与空地的社区占到76%，将活动场所选在公园的社区占到22%，但是将活动场所选在正规体育场所中的社区仅仅占到2%。广州是我国社区体育建设与发展的较好的城市，但平均每千人体育场所占地也只有200米左右，与国家要求（平均每千人要有300米的体育场所）还有一定的差距。从调查结果分析来看，北京和广州这两地的社区体育资源仍存在不足和短缺的问题，那其他城市经济发展水平较低，社区体育资源便更是不足，由此来看，我国的社区体育配置不足现象严重。

当前，我国社区体育设施和之前相比有了较大的改善，但是，总体来说公益性的健身场所十分匮乏。而且现有的体育场馆一般不对外开放。因此，人们日渐增长的体育健身需求得不到改善和提高。

（三）社区体育活动经费投入不足

用于社区体育工作开展的经费投入较少是现阶段我国社区体育工作开展较为困难的重要原因之一，而且，社区体育专门人才不多，更没有形成健全的组织和管理系统。经费的投入十分有限，在很大程度上限制了我国社区体育的发展。

（四）社区体育组织管理有待加强

目前，我国社区体育管理机构在工作的方式和方法上，存在与社区体育发展的形势不相适应的问题，虽然历经改革和人员调整，但是这一情况依然没有实质性的改变。例如，社区体育组织管理人员在工作中存在着忙于其他事务，而疏于社区体育工作的宣传和动员的情况；另外，其在加强管理、法规建设以及对理论和实践研究等方面也有待加强。

（五）社区体育服务及指导不到位

当前，对于社区体育服务的性质，人们的认识和理解各不相同。这使社区体育服务组织管理和未来发展的指导思想，在实际操作过程中容易产生分歧。另外，对社区体育服务的功能也没有清楚的定位，使得在具体的社区管理工作过程中出现了很多服务不到位的问题，对促进社区体育的进一步发展具有重要的影响作用。

第二节　社区上肢健身器械方法指导

一、臂力训练器健身方法

（一）器械健身功能

臂力训练器是根据两人一组进行健身练习而设计的社区健身器械，需要两个人配合使用。臂力训练器由用拱形横梁连接的两根立柱、转轮等组成。锻炼部件是对称的两个转轮，分别置于器械的两边，并装在同一根轴上（见图 6-1）。

图 6-1

（二）健身方法指导

(1)准备姿势：两位健身者分别面对转轮站立，双手握住转轮的边缘，双脚开立与肩同宽。

(2)健身方法：健身过程中，两人同时向左对抗用力，再同时向右对抗用力转动转轮，往返4～6次。然后，同时向左、向右来回转动转轮。左右转动相结合，使双臂的肌肉得到均衡锻炼和发展。

(3)健身要点：两人用力配合协调一致。对抗用力时，一方不可突然停止用力或撤离。

二、上肢牵引器健身方法

(一)器械健身功能

上肢牵引器是当前社区健身器械中最为常见的一种，在社区健身中应用广泛，深受社区居民的喜爱。一般来说，上肢牵引器主要由立杆、挑杆、滑轮和牵引绳索等部件构成，绳索两端装有手柄，通过滑轮可供练习者自由牵拉(见图6-2)。

图6-2

(二)健身方法指导

(1)准备姿势：健身者背对器械双脚开立，双手分别握住两个手柄。

(2)健身方法：健身过程中，健身者左、右手交替向下牵拉绳索，通过手臂的上下交替屈伸运动，锻炼肩关节及相关部位的肌肉力量。

(3)健身要点：重心在两腿之间，两臂同时对抗性均衡用力，有控制地屈伸手臂，要避免斜拉用力。

三、太极揉推器健身方法

(一)器械健身功能

太极揉推器是以我国传统体育运动项目太极拳的推手动作作为基本的锻炼形式，是一种设计新颖的能达到强身健体作用的健身器材。太极揉推器深受中老年人的喜爱。太极揉推器的基本构造包括支架和转盘。转盘以斜向约60°角成对安装，以配合推手动作的完成(见图6-3)。

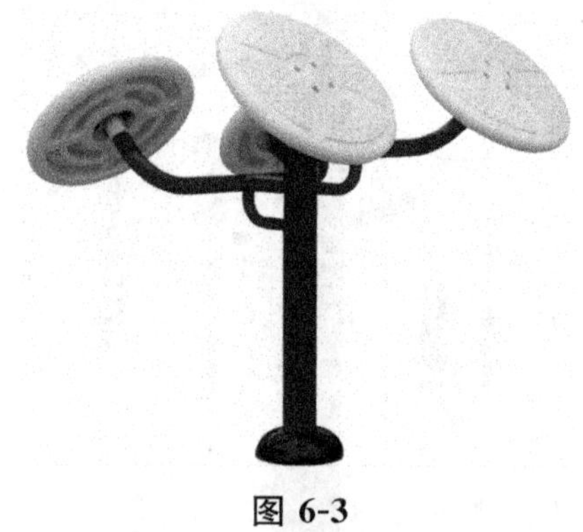

图 6-3

(二)健身方法指导

1. 太极推手

(1)准备姿势：健身者面向器械双脚开立，屈膝下蹲、腰背自然放松。双手按压住转盘盘面，双臂微屈。

(2)健身方法：健身过程中，腰臂用力，按顺时针方向转动转盘，重心随手的方向及时移动；然后向逆时针方向转动转盘。

(3)健身要点：身随手动，重心随手适时地转换。

2. 太极双盘推手

(1)准备姿势：健身者面向转盘，双脚左右开立，稍宽于肩，双腿微屈，双手分别按压住转盘盘面，双臂微屈。

(2)健身方法：健身过程中，两手同时向内或向外转动转盘。

(3)健身要点：练习时手臂协调发力，身体重心控制在两腿之间。

四、鞍马训练器健身方法

(一)器械健身功能

鞍马训练器外形看上去有些像体操比赛中使用的鞍马，主要由扶手、鞍马座组成(见图 6-4)。

图 6-4

(二)健身方法指导

1. 斜卧撑

(1)准备姿势：健身者面向器械站立。

(2)健身方法:健身过程中,双手握住扶手,身体展直成斜面俯撑姿势。然后做俯卧撑练习,健身者腰腹肌配合用力,以保持躯干平直;健身者也可屈臂,然后推手、快速击掌,再还原成斜面俯撑姿势。

(3)健身要点:腰腹控制用力,躯干保持平直。

2. 直臂侧撑

(1)准备姿势:健身者面向器械站立,双手握住扶手,身体展直成斜面俯撑姿势。

(2)健身方法:身体向左翻转 90°,成右臂支撑,左臂上举的侧撑姿势,控制 1 个 8 拍后,还原成斜面俯撑姿势,换另一方向完成练习。

(3)健身要点:支撑姿势转换时需顶肩、收腹、展髋,身体控制稳定。

3. 俯撑平衡举腿

(1)准备姿势:健身者面向器械站立,双手握住扶手,身体展直成斜面俯撑姿势。

(2)健身方法:健身者保持俯撑姿势,右手、右腿同时抬起,与身体成一平面。控制 1 个 8 拍后还原成俯撑姿势,然后换另一侧肢体完成练习。

(3)健身要点:腰腹用力维持身体平衡,支撑臂直臂顶肩。

4. 直臂仰撑

(1)准备姿势:健身者背对器械站立,双手扶住扶手,身体展直成仰撑姿势。

(2)健身方法:健身过程中,腰腹肌配合用力,做手臂屈撑、推直动作,保持躯干平直。

(3)健身要点:手臂屈撑,腰腹控制用力,躯干保持平直。

5. 直角支撑

(1)准备姿势：健身者面向器械，两手握住扶手。

(2)健身方法：健身过程中，健身者直臂支撑，同时收腹举腿成直角支撑姿势。

(3)健身要点：直臂支撑、顶肩、收腹，双腿并拢伸直。

6. 仰撑下蹲

(1)准备姿势：健身者背对器械站立，双手扶住扶手，身体展直成仰撑姿势。

(2)健身方法：健身过程中，健身者屈膝下蹲，同时顺势屈臂，保持片刻后还原。

(3)健身要点：下蹲时腰背挺直，收腹用力。

7. 支撑跳跃

(1)准备姿势：健身者面向器械蹲立，两手握住扶手。

(2)健身方法：健身过程中，蹬地、提臀、屈膝收腿，两腿从两手之间穿过。体力较好的健身者，两脚落地后迅速屈腿收腹，从两手之间穿回到原地。

(3)健身要点：屈腿迅速，腰腹用力，顶肩提臀、穿腿。落地后身体保持平衡。

第三节　社区下肢健身器械方法指导

一、健骑机健身方法

(一)器械健身功能

健骑机，又称“骑马器”或“健美骑士”，因其造型及使用时人机整体上下起伏的姿态,犹如健儿跨骑骏马而得名。健骑机主要由底座、座鞍、脚蹬及把手等部件组成(见图 6-5)。

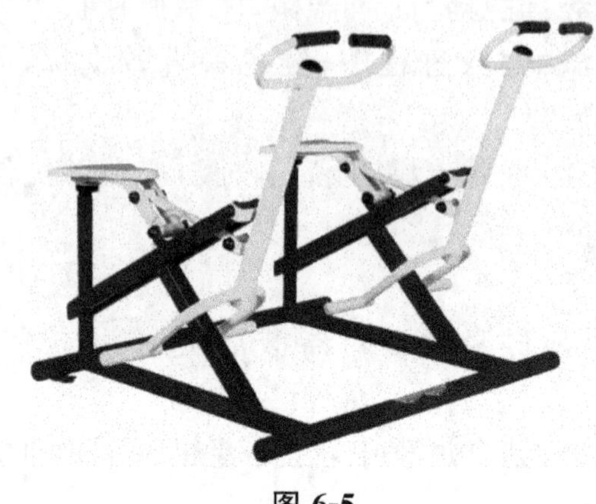

图 6-5

(二)健身方法指导

(1)准备姿势:健身者侧立于器械旁,双手正握把手,双脚分别踏住脚蹬,坐于器械上,保持挺胸立腰的姿势。

(2)健身方法:健身过程中,双腿向下用力蹬伸,同时双臂用力将把手拉至腹前,直至双腿蹬直、身体展直,然后腿、臂放松,在自身重量的作用下,使健骑机回到初始位置,多次重复。

(3)健身要点:握紧把手,上下肢协调用力,身体充分伸展。

二、漫步机健身方法

(一)器械健身功能

漫步机,又称“太空漫步机”。漫步机主要由底座、斜型支撑、把杆、悬臂及踏板等部件组成(见图 6-6)。一般来说,构成底座的槽钢通常是焊接成一体的,并固定于地面,此结构增大了器械的基面,提高了安全性。

在社区体育健身实践中,根据健身者不同的锻炼形式,漫步机又分为锻炼下肢的漫步机和锻炼上下肢的漫步机两种，在各社区均有配置。

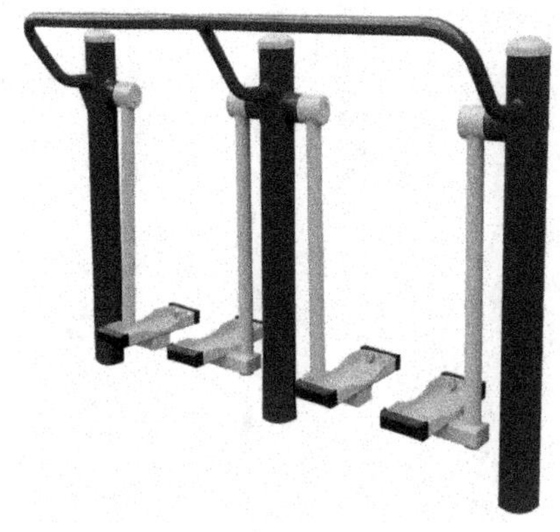

图 6-6

（二）健身方法指导

（1）准备姿势：健身者双手握住横杠，双脚分别踩在踏板上，人体保持自然站立姿势。

（2）健身方法：健身过程中，两腿伸直，左、右腿同时向前、后相反方向用力分腿迈步，迈开至一定角度（约 60°）时，顺重力作用自然下行，至垂直线时转换为右腿前迈，左腿向后运动。两腿以自然协调的姿态交替迈步。

（3）健身要点：握紧把手，以髋关节为轴心、顺重力作用运动，使两腿以自然协调的姿态交替迈步。

三、压腿器健身方法

（一）器械健身功能

压腿器的构造比较简单，主要由立柱和压腿横杠组成。从一些设施完备的健身路径中看，压腿器包括了不同高度的横杠，以适应不同身高、不同柔韧素质的人群进行锻炼（见图 6-7）。

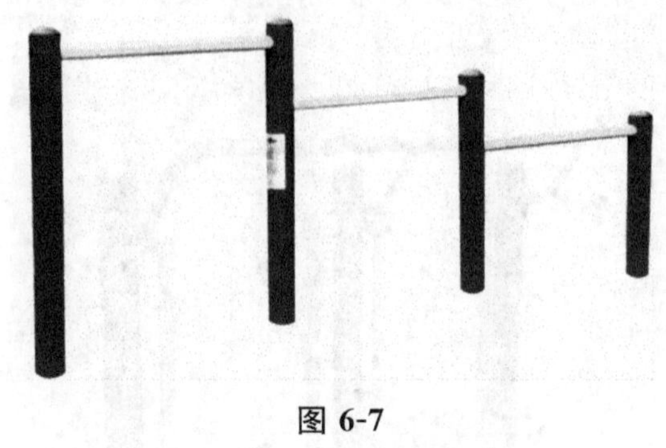

图 6-7

(二)健身方法指导

1. 前压腿

(1)准备姿势:健身者右肩侧对单杠,身体稍向右转站立,左腿放在把杆上,右手扶把,左臂上举。

(2)健身方法:健身过程中,上体前屈下压,以腹、胸、下颌依次贴近左腿,左手触脚,充分拉伸前腿,然后上体立直还原。柔韧素质较差的健身者左手扶在膝关节上方即可,4 拍完成一次前压腿动作,连续完成 4~8 个 8 拍。然后换另一腿练习。

(3)健身要点:压腿时两腿尽力伸直,上体下压和抬起动作匀速缓慢。

2. 侧压腿

(1)准备姿势:健身者面向单杠站立,左腿伸直放在把杆上,左手扶把,右臂上举。

(2)健身方法:健身过程中,上体向左侧屈下压,左肩靠近膝盖,右手尽量触及左脚,充分拉伸侧腿,然后上体立直还原。4 拍完成一次侧压腿动作,连续完成 4~8 个 8 拍,然后换另一腿练习。

(3)健身要点:压腿时上体尽量保持在一个平面屈伸,两腿动作匀速缓慢。

3. 后压腿

(1)准备姿势：健身者左肩侧对单杠，身体稍向右转站立，右腿放在把杆上，左手扶把，右臂叉腰或上举。

(2)健身方法：健身过程中，左腿屈膝下蹲，用力拉伸腿部后腿，然后伸膝直立还原，4 拍完成一次侧压腿动作，连续完成 4～8 个 8 拍。然后换另一腿练习。

(3)健身要点：支撑腿有控制地屈膝下蹲，上体尽量立直。

4. 踢腿练习

(1)前踢腿

①预备姿势：健身者左肩侧对单杠，左腿支撑站立，右脚后点地。左手扶杠，右臂侧举或叉腰。

②练习方法：健身过程中，右腿伸直向前、向上踢起，然后还原。2 拍完成一次前踢腿动作，连续完成 2～4 个 8 拍，然后换另一腿练习。

③健身要点：大腿发力，脚背带动向前踢起，髋部控制稳定，上体立直。

(2)侧踢腿

①预备姿势：健身者面向单杠，左腿支撑站立，右脚侧后点地，双手扶把。

②练习方法：健身过程中，右腿伸直经侧向上踢起，然后还原。2 拍完成一次侧踢腿动作，连续完成 2～4 个 8 拍，然后换另一腿练习。

③动作要领：大腿发力，展髋、脚面膝盖尽量向上，上体立直。

(3)后踢腿

①预备姿势：健身者面向单杠，左腿支撑站立，右脚前点地，双手扶把。

②练习方法：练习时右腿向后、向上踢起，然后还原。2 拍完成一次后踢腿动作，连续完成 2～4 个 8 拍，然后换另一腿练习。

③健身要点：上体稍向前倾，腿尽量伸直。

四、双柱四位蹬力器健身方法

（一）器械健身功能

双柱四位蹬力器主要是由座椅、把手、挡板等部件构成（见图 6-8）。

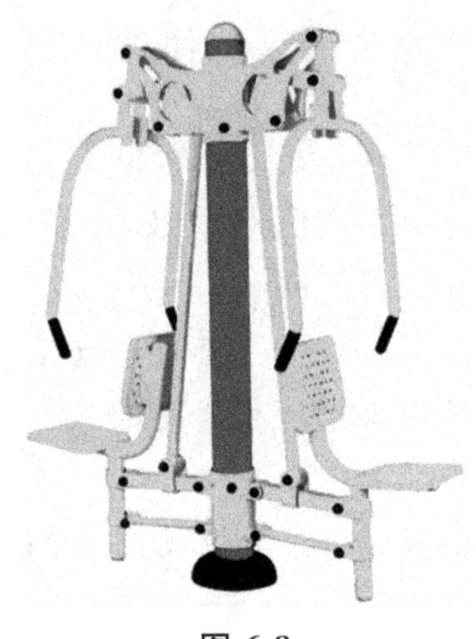

图 6-8

（二）健身方法指导

1. 小幅度快节奏练习

(1)准备姿势：健身者坐于座板上，背部靠实，双腿弯曲，双脚蹬住踏板。

(2)健身方法：健身过程中，双腿做小幅度、快频率的蹬伸练习。屈伸节奏控制在 1 拍 1 动。

(3)健身要点：大腿肌群和腰腹同时用力，下肢快速小幅度地屈伸。

2. 大幅度慢节奏练习

(1)准备姿势:健身者坐于座板上,背部靠实,双腿弯曲,双脚蹬住踏板。

(2)健身方法:健身过程中,双腿做大幅度、较慢节奏的蹬伸练习,两拍一次。

(3)健身要点:下肢大幅度慢节奏地屈伸,双腿不用完全伸直。蹬踏时速度稍快,再较慢速度有控制地收回,有效增加锻炼的效果。

3. 提踵练习

(1)准备姿势:健身者坐于座板上,背部靠实,双腿弯曲,双脚蹬住踏板。

(2)健身方法:健身过程中,双腿伸直,脚掌蹬紧踏板做提踵练习。

(3)健身要点:脚踝尽力上提,并有控制地还原。

五、斜躺健身车健身方法

(一)器械健身功能

斜躺健身车主要由座椅、转轮、脚蹬、把手、靠背等构件组成(见图 6-9)。

图 6-9

(二)健身方法指导

(1)准备姿势:健身者坐靠于座板上,上体稍向后仰,双手握住两旁的扶手,双脚踩在踏板上。

(2)健身方法:健身过程中,双腿像蹬自行车一样踩住踏板做向前或向后的骑行运动。

(3)健身要点:躯干贴紧背板,腰腹发力,匀速做蹬伸腿练习,不可突然发力。

六、直立健身车健身方法

(一)器械健身功能

直立健身车主要由座椅、转轮、脚蹬、把手、靠背等构件组成(见图 6-10)。

图 6-10

(二)健身方法指导

(1)准备姿势:健身者坐于座板上,双手握紧扶手,双脚分别踩蹬在左右踏板上,上体立直。

(2)健身方法:健身过程中,双腿像蹬自行车一样踩住踏板做向前或向后的骑行运动。

(3)健身要点:匀速完成蹬伸腿练习,不可突然发力。

第四节　社区腰腹健身器械方法指导

一、仰卧起坐器健身方法

(一)器械健身功能

仰卧起坐器的主要功能是供人们进行仰卧起坐锻炼,但也可以进行一些腰腹肌肉力量的练习。器械的结构比较简单,主要包括支架、挡管、腹肌架(见图 6-11)。

图 6-11

(二)健身方法指导

1. 仰卧起坐

(1)准备姿势:健身者坐于器械上,双脚勾住挡管,双手扶住头后部，躺在器械上。

(2)健身方法：健身过程中，腰腹发力，上体抬起成坐立姿势，然后还原。

(3)健身要点：双手扶住头后部，腰腹发力，上体有控制地抬起和躺下。

2. 仰卧起坐转体

(1)准备姿势：健身者坐于器械上，双脚勾住挡管，双手扶住头后部，躺在器械上。

(2)健身方法：上体抬起时，向右(左)侧转体，然后还原。

(3)健身要点：双手扶住头后部，腰腹发力控制上体，腰和肩带动上体转动。

二、转腰器健身方法

(一)器械健身功能

转腰器主要由底座、底盘、转盘、立柱和把手组成(见图6-12)。底座安装于地面，转盘与底盘之间的连接通常是用滚珠环，它使得转盘活动自如。

图 6-12

（二）健身方法指导

（1）准备姿势：健身者双手扶住把手，两脚自然地站在转盘中央，两侧保持均衡。

（2）健身方法：健身过程中，上体保持不动，髋部和腰部用力，使身体向左、向右来回转动。

（3）健身要点：双肩和上体尽量保持不动，髋和腰带动身体转动，速度均匀、缓慢，逐渐加大转动幅度。

三、伸背器健身方法

（一）器械健身功能

伸背器主要由立柱、扶手环、圆柱形曲面等部件构成（见图6-13）。

图 6-13

（二）健身方法指导

（1）准备姿势：健身者双脚开立站在器械前，双手分别握住扶手管。

(2)健身方法:健身过程中,下肢自然放松,躯干依托器械弧度向后充分伸展,颈椎放松。

(3)健身要点:伸展时,颈和腿放松,背部依托器械弧度向后完全伸展。

四、腰背按摩器健身方法

(一)器械健身功能

腰背按摩器主要由立柱、扶手、座板、按摩柱组成(见图 6-14)。

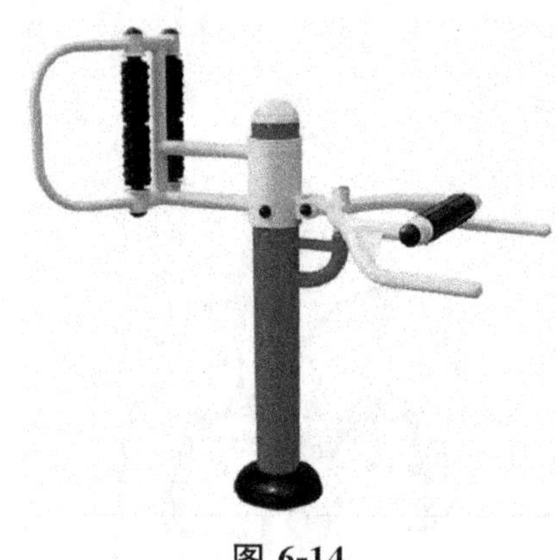

图 6-14

(二)健身方法指导

1. 肩部锻炼

(1)准备姿势:健身者双脚开立,稍屈膝下蹲,肩部紧靠按摩柱。

(2)健身方法:健身过程中,肩部左右运动,滚柱会随肩部的运动对肩部肌群进行按摩。左、右肩交替进行。

(3)健身要点:肩部紧靠按摩柱,被按摩部位稍用力,移动速度均匀、缓慢。

2. 腰部锻炼

(1)坐式:健身者坐于座板上,腰部紧靠按摩柱,双手握住扶手,上下拉动按摩柱,通过按摩柱的上下滚动,对背部肌群进行纵向按摩。

(2)立式:健身者双脚开立,双腿下蹲成马步状,背靠按摩柱,双手握扶手,身体左右运动,滚柱会随背部的运动而滚动,对背部肌群进行横向按摩。

(3)健身要点:背部贴紧按摩柱,被按摩部位稍用力,移动速度均匀、缓慢。

第五节　社区综合健身器械方法指导

一、划船器健身方法

(一)器械健身功能

健身路径中的划船器是模拟划船运动的健身器材,它主要由固定座垫、脚蹬、桨把,以及阻力构件等部件组成(见图 6-15)。

图 6-15

(二)健身方法指导

1.小幅度屈伸运动

(1)准备姿势:健身者于座板中部坐定,手握扶手,脚踩踏板。

(2)健身方法:健身过程中,手臂主动用力,双臂、双腿做小幅度的屈、伸运动。

(3)健身要点:手臂要主动用力,上下肢屈伸幅度小、节奏较快。

2.大幅度屈伸运动

(1)准备姿势:健身者于座板中部坐定,手握扶手,脚踩踏阪。

(2)健身方法:健身过程中,双臂、双腿同时用力,做大幅度的屈、伸运动。

(3)健身要点:练习时手拉、脚蹬,手脚协调配合用力,还原时稍放松手臂和双腿。

二、跑步机健身方法

(一)器械健身功能

一般来说,社区健身跑步机的构造主要由支架、扶手和跑台组成(见图6-16)。跑台表面用一组圆柱形滚轴代替室内跑步器上的跑动皮带,增强了器材的耐用性。跑台以一定仰角安装,圆柱形滚轴中带有一定的阻力,需用一定的力才能使其转动,增加了练习的强度和锻炼效果。

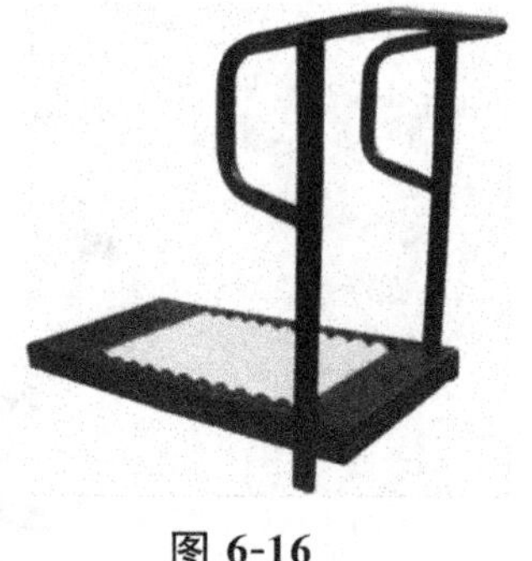

图6-16

(二)健身方法指导

(1)准备姿势:健身者双手握紧扶手,双脚踩在跑台上,两腿交替迈步做跑步运动。

(2)健身方法:①小步幅快频率地走;②大步幅慢频率地走。

(3)健身要点:迈步时,健身者上体稍前倾,调整呼吸。

三、椭圆机健身方法

(一)器械健身功能

椭圆机也叫滑雪器,其基本结构包括支架、脚踏板和扶手(见图6-17)。器械通过支架固定于地面,脚踏板前端与扶手下端相连,运动时扶手与踏板连动,其后端通过一小段曲柄固定于器械的后轴上,使踏板的运动轨迹近似椭圆形。

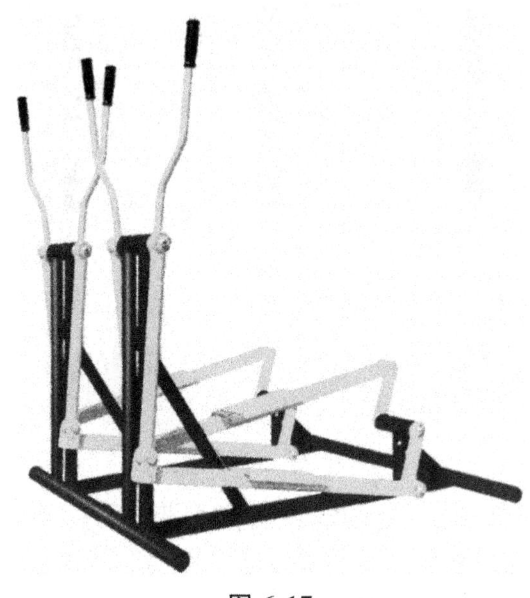

图 6-17

(二)健身方法指导

(1)准备姿势:健身者双手紧握手柄,双臂保持微屈,双脚踩在踏板上,身体控制稳定。

(2)健身方法:健身过程中,通过腿的推力,使踏板转动、手柄摆动,两腿做向前的循环运动。

(3)健身要点:身体控制稳定,上、下肢协调用力运动。

四、单杠健身方法

(一)器械健身功能

单杠在社区健身路径中非常常见,它主要由支架和把手组成(见图6-18)。虽然构造简单,但是有着多样的健身方法。

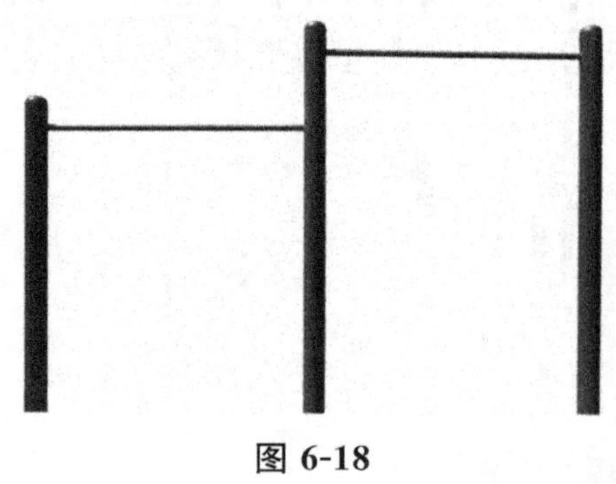

图6-18

(二)健身方法指导

1.单杠悬垂

(1)健身方法:直体悬垂,健身者跳起正握(反握)单杠,身体成直体悬垂状态,控制几秒钟后,也可做身体小幅度的摆动练习。

(2)健身要点:双手握紧杠,颈部放松,身体向下充分伸展。

2.引体向上

(1)准备姿势:健身者跳起正握(反握)单杠,身体成悬垂状态。

(2)健身方法:上肢用力上拉身体至下颔越过杠面,然后还原。

(3)健身要点：手臂用力屈臂、向上引体，有控制地伸臂还原。

3. 收腹举腿

(1)准备姿势：健身者跳起正握单杠，身体成悬垂状态。

(2)健身方法：腹肌用力，双腿伸直并拢、缓慢抬起至水平位置，控制片刻，然后还原。

(3)健身要点：肩背和腰腹发力，抬腿时脚背膝盖尽量伸直。身体能力较强的健身者，双腿可抬至上举的位置。

五、双杠健身方法

(一)器械健身功能

双杠在社区健身路径中也很常见，与单杠不同的是，双杠由四个支架和两个把手组成(见图 6-19)。

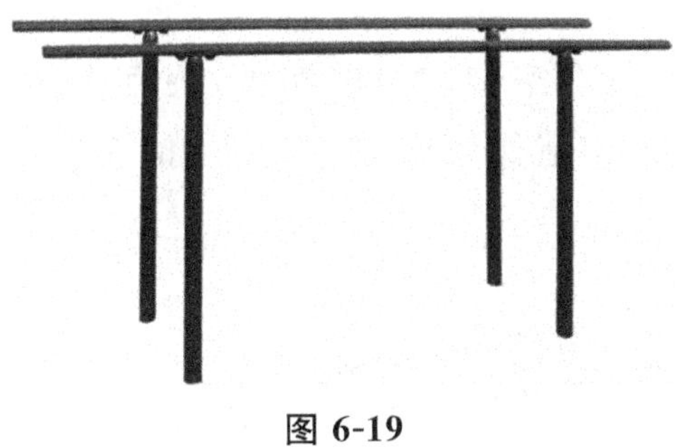

图 6-19

(二)健身方法指导

1. 杠上前行

(1)准备姿势：健身者站在杠端的两杠之间，双手分别握杠，跳起成杠上支撑。

(2)健身方法:健身过程中,左、右手交替向前支撑,带动身体向前移动。

(3)健身要点:直臂支撑,顶肩、重心稍左右移动,同时两手抓握前行。

2. 手臂屈伸

(1)准备姿势:健身者站在两杠之间,双手分别握杠,跳起成杠上支撑。

(2)健身方法:健身过程中,健身者在杠上做手臂的屈伸练习。

(3)健身要点:前臂控制不动,上臂和肩背肌群用力,完成屈臂、推撑动作,手臂屈伸时身体绷紧。

六、天梯健身方法

(一)器械健身功能

天梯,就像横挂在空中的一把梯子,装有十多格横杠,故称之为“天梯”。天梯的构造比较简单,主要包括立柱、支架、横杠等部件(见图 6-20)。

图 6-20

(二)健身方法指导

1. 屈膝悬垂

(1)准备姿势:健身者双手抓握住天梯横杠,身体成悬垂状态。

(2)健身方法:健身过程中,两腿屈膝、收腹,大腿抬起至水平以上位置,然后还原,2 拍一次。

(3)健身要点:双手紧握横杠,肩臂用力,提膝、收腹、抬腿。有控制地展体还原。

2. 收腹举腿

(1)准备姿势:健身者双脚踩在起点的台阶上,或者跳起双手紧握天梯的横杠,身体成悬垂状态。

(2)健身方法:健身过程中,腹肌用力,双腿伸直并拢、缓慢抬起至水平位置,控制片刻,然后还原。

(3)健身要点:肩背和腰腹发力举腿,抬腿时脚背膝盖尽量伸直。身体能力较强的健身者,双腿可抬至上举的位置。

3. 正(反)手抓握前行

(1)准备姿势:健身者双脚踩在起点的台阶上,双手紧握天梯的横杠。

(2)健身方法:健身过程中,掌心向前,左、右两手依次脱杠、向前抓握横杠,交替前行。

(3)健身要点:一手紧握杠,另一手脱杠瞬间应借助身体前摆的惯性,向前伸臂抓握横杠。两臂连贯用力前行。

七、肋木架健身方法

(一)器械健身功能

肋木架的外形像一组大梯子,它属于一种综合性的锻炼器材，在肋木架上可以进行多种健身练习(见图 6-21)。

图 6-21

(二)健身方法指导

1. 肩部伸拉

(1)准备姿势：健身者背对肋木站立，双脚并拢，双手握横杆。

(2)健身方法：健身过程中，屈腿下蹲，同时腰背挺直，伸拉肩胸，然后还原。

(3)健身要点：有控制地屈膝下蹲，被拉伸的肩胸部位有较明显的酸胀感。

2. 蹬拉练习

(1)准备姿势：健身者面向肋木，双脚蹬住最低的一根横杆，双手握住肩前横杆，身体立直。

(2)健身方法：健身过程中，双手依次下移，同时双脚依次上移至手脚接近位置，然后屈膝下蹲，伸展腰背肌肉韧带。

(3)健身要点：手握脚蹬，手脚移动配合协调，伸展腰背时尽量含胸低头。

3. 扶肋木架左右转髋

(1)准备姿势：健身者面向肋木，两脚分开大于肩开立，双手握杆。

(2)健身方法：健身过程中，髋关节用力左右转动。右转时，右脚脚跟着地支撑，左脚前脚掌着地支撑，左转时则反之。

(3)健身要点：以髋带动，脚跟、脚尖转换及时，上体自然直立。

4.收腹举腿

(1)准备姿势：健身者背对肋木架站立，双手上举抓握横杠。

(2)健身方法：健身过程中，腹肌用力，双腿伸直并拢、缓慢抬起至水平位置，控制片刻，然后还原。

(3)健身要点：肩背和腰腹发力举腿，并有控制地还原。身体能力较强的健身者，双腿可抬至上举的位置。

第七章 民族传统体育健身活动的开展与科学指导

民族传统体育是我国各民族在自身不断发展的过程中凝结而成的精华,很多民族传统体育运动都具有非常好的健身效果。在进行民族传统体育健身时需要有科学的理论与方法作指导,只有这样才更有利于实现预期的健身目标。本章将分别对武术运动、太极拳、健身气功以及其他一些具有代表性的民间民俗传统体育运动的开展情况与健身方法进行分析。

第一节 武术运动开展与健身方法指导

一、我国武术运动的总体开展情况

武术运动最初源于古代人们的狩猎与战争的活动,是人们对于搏斗技艺以及相关经验的一种总结。当前,武术运动在我国得到了很好的开展,具体主要表现为以下几个方面。

(1)传统武术的各种活动广泛开展。近些年来我国民族传统体育逐步受到重视,而作为传统体育项目之一的武术运动也得到了快速而全面的发展。全国以及区域性的传统武术比赛与年会等活动都相继开展起来,如国际形意拳交流比赛、郑州国际少林武术节、传统武术功力大赛等。

(2)传统武术的电视节目不断出现。随着科学技术的不断进步,电视媒体行业也得到了迅速发展,许多宣扬与展现传统武术的电视综艺节目也不断涌现出来,如河南电视台的《武林风》、河北卫视的《英雄榜》等。

(3)传统武术的参与人数不断增加。随着我国全民健身运动的广泛开展,健身思想不断深入人心,越来越多的人民群众踊跃参与到了健身运动之中。作为一项大众健身项目,传统武术也受到了人民群众的广泛欢迎,传统武术健身者在广大社区与公园之中随处可见。据有关数据统计,我国目前的传统武术练习人数达到两亿多人,这一数据是其他任何体育项目都无法比拟的,从侧面也能够反映出我国传统武术强大的生命力。

二、武术运动的健身方法指导

我国传统武术的种类多种多样,这里主要对武术的手型与手法、步型与步法、基本腿法以及组合动作的实践方法进行分析。

(一)手型与手法

1.基本手型

(1)拳

四指并拢卷握,拇指紧扣食指的第二指节处。拳心朝上(下)为平拳;拳眼朝上(下)为立拳(见图7-1)。拳具体划分为拳面、拳背、拳眼、拳心、拳轮。

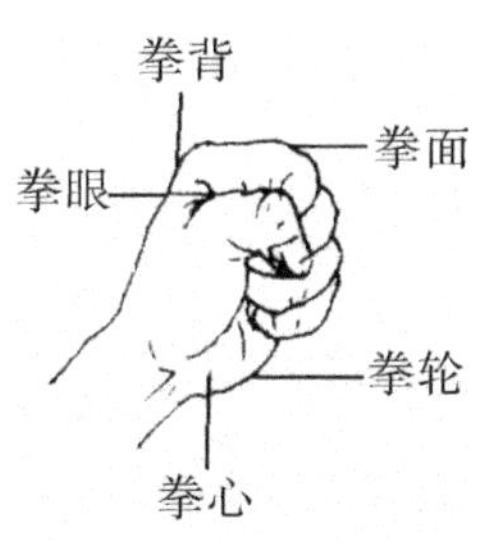

图 7-1

(2)掌

拇指外展呈“八”字掌。大拇指向掌心的一侧屈扣,其余四指并拢后张为直立掌(见图 7-2);拇指侧在上,小指一侧在下,四指并拢,小臂与掌同在一直线为柳叶掌。手心向上直掌称仰掌,手心向下直掌为俯掌;侧掌立于胸前或腋前,掌心向异侧方向,或者倒立于两侧腰之间,掌心向前为侧立掌。

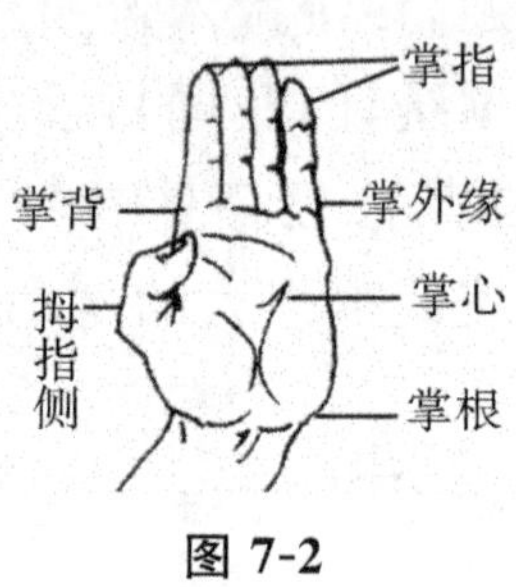

图 7-2

(3)勾

勾亦称“勾手”。屈腕,五指的指尖捏拢。勾分为勾尖与勾顶(见图 7-3)。勾尖向上为反勾手,勾尖向下为下勾手。在勾手时,应该尽可能屈腕。

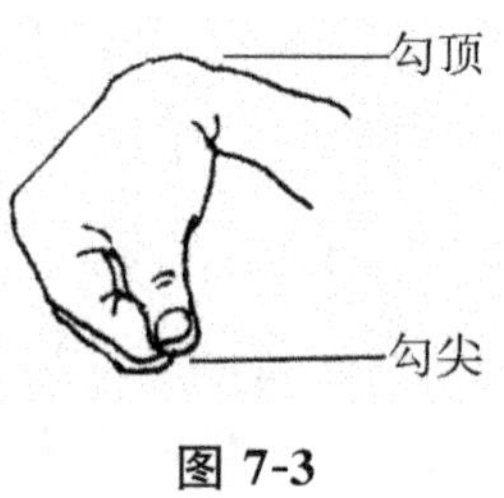

图 7-3

2. 基本手法

(1)冲拳

两脚左右开立,两手握拳分别抱于腰侧,拳心向上,肘尖向后,目视前方。右拳从腰间旋臂向前快速冲出,力达拳面,臂伸直高与肩平;同时,左肘向后牵拉,两眼注视前方。练习过程中应该左右交替进行。

(2)推掌

预备姿势同冲拳。右拳变掌，由腰间旋臂向前立掌推出，速度要快，臂伸直，力达掌外沿，两眼注视前方。练习时，应该左右交替进行。

(3)亮掌

预备姿势与冲拳相同。右拳变掌，从腰间向右、向上划弧至头右上方，肘微屈，抖腕翻掌。目视左方。

(4)架拳

预备姿势与冲拳相同。右拳自腰间向左经腹前、面前向头上方旋臂架起，臂微屈，拳心朝前上方。目视前方。在架拳时，前臂内旋，松肩，力达前臂外侧。

(二)步型与步法

1.基本步型

(1)弓步

前脚微内扣，全脚掌着地，屈膝半蹲，大腿成水平，膝部约与脚面垂直；另一腿挺膝伸直，脚尖里扣斜向前方，脚掌着地，上体正对前方，双手抱拳于腰间。

(2)马步

两脚左右开立约为脚长的 3 倍，脚尖正对前方，屈膝半蹲，大腿成水平，眼睛注视前方，双手抱拳于腰间。

(3)虚步

后脚尖斜向前，屈膝半蹲，大腿接近水平，全脚掌着地；前腿微屈，脚面绷紧，脚尖虚点地面。

(4)歇步

双腿交叉靠拢全蹲，左脚全脚掌着地，脚尖向外伸展；右腿前脚掌着地，膝部贴近左膝外侧，臀部坐于右腿接近脚跟处，双手抱拳于腰间，双眼向左前方平视。左脚在前为左歇步，右脚在前为右歇步。左右交替练习。

(5)丁步

并步站立,两腿屈膝半蹲,右脚全脚掌着地;左脚脚跟提起,脚尖里扣并虚点地面,脚面绷直,贴于右脚脚弓处,将身体的重心落在右腿上,两手抱拳于腰间,眼向左平视。左脚尖点地为左丁步,右脚尖点地为右丁步。左右交替练习。

(6)仆步

两脚左右分开站立,右腿屈膝全蹲,大腿与小腿靠紧,臀部接近小腿,右脚全脚掌着地,脚尖与膝关节向外展;左腿挺直平仆,脚尖向里扣,全脚掌着地,两手抱拳于腰间,眼睛向左平视。仆左腿为左仆步,仆右腿为右仆步。左右交替练习。

2.基本步法

(1)盖步

双脚左右开立,同肩宽,两手叉腰。将身体的重心左移,右脚提起,经左脚前向左侧横迈一步,右腿屈膝,脚尖外展;两腿交叉,调节身体的重心偏于右腿。练习过程中,应该左右交替进行。做动作时,横迈应该轻灵,步幅要适当。

(2)垫步

两脚前后开立,与肩同宽,两手叉腰。后脚离地提起,脚掌向前脚处落步,前脚立即以脚掌蹬地向前上跳起,将位置让于后脚,之后再屈膝提腿向前落步,眼向前平视。需要注意的是,在跳起腾空时应该保持上体正直并侧对前方。

(3)插步

插步的准备动作姿势与盖步相同。将身体的重心向左移动,右脚提起,经左脚后向左侧横迈一步,脚前掌着地,双腿进行交叉,将身体的重心偏于左腿。练习过程中,应该左右交替进行。

（三）基本腿法

1. 正踢腿练习

两脚并步站立，两臂成侧平举，立掌。两眼注视前方。左脚向前上半步，左腿支撑，右腿挺膝，脚尖勾起向前额处快速踢起。目视前方，练习时左右交替进行。

具体练习时，应该挺胸、收腹、立腰；腿上摆过腰后加速用力，收髋，上体正直。

2. 侧踢腿练习

右脚向前上半步，脚尖外展；左脚跟稍微提起，身体稍微向右转，左臂前伸，右臂后举。随即左腿挺膝，勾脚向左耳侧踢起，同时右臂上举亮掌，左臂屈肘立掌于右肩前。目视前方。

具体练习时，应该挺胸、立腰、开髋、侧身、猛收腹。应避免俯身弯腰。

3. 斜踢腿练习

左脚向前上半步，左腿支撑，右腿挺膝，勾脚向异侧耳部踢起。目视前方。

具体练习时，应该左右交替进行，同时还应该避免俯身弯腰。

4. 外摆腿练习

右脚上步，左脚尖勾紧，向右侧上方踢起，经面前向左侧上方摆动，直腿落于右脚旁，目视前方。右掌和左掌也可在面前依次迎击左脚面。练习时左右交替进行。

具体练习时，应该挺胸、立腰、展髋；腿成扇形外摆，幅度要大，同时还应该避免俯身弯腰。

5. 里合腿练习

右脚上步，左脚尖勾起里扣并向左上方踢起，经面前向右侧上方直腿摆动，落于右脚旁。右掌也可以在右侧上方迎击左脚面。双眼注视前方。

具体练习时，应该左右交替进行。其动作要领同外摆腿，同时还应该避免俯身弯腰。

6.单拍脚练习

并步站立，两手握拳抱于腰间。左脚上步，左腿支撑；右腿挺膝，脚面绷直向前上方快速踢摆。同时右拳变掌举于头右前上方，掌心朝前，迎击右脚面。目视前方。

具体练习时，应该左右交替进行，具体的动作要领为：收腹、立腰；踢腿高度过胸，击拍脚要脆、快、响。应避免俯身弯腰。

7.蹬腿练习

左腿支撑，右腿屈膝提起，脚尖勾起，以脚跟为力点向前猛力蹬出，挺膝，脚高过腰。目视前方。

具体练习时，应该左右交替进行，具体的动作要领为：挺胸、立腰、脚尖勾紧；蹬出应该做到脆、快、有力，力达脚跟，避免屈伸不明显。

8.弹腿练习

左腿支撑，右腿屈膝提起接近水平时，小腿猛力向前弹出，挺膝，力达脚尖。双眼注视前方。

具体练习时，应该左右交替进行，具体的动作要领为：挺胸、立腰、收髋；弹踢要有寸劲，力达脚尖。练习者在练习过程中应该避免屈伸不明显。

9.后扫腿练习

成左弓步，两掌向前推出。左脚尖内扣，左腿屈膝全蹲，成右仆步，同时上体前俯，两掌撑地，随上体向右后拧转的惯性力量，以左脚掌为轴，右脚贴地向后扫转一周。在进行后扫腿时，转体、俯身、撑地、扫转应该连贯协调。为了避免旋转无力，转体、拧腰的速度要迅速。

10. 侧踹腿练习

右脚经左脚前盖步，随即右腿伸直支撑，左腿屈膝提起，脚尖勾起内扣，用脚底向左上方猛力踹出，脚高过腰，上体右倾。目视左侧方。

侧踢腿的具体动作要领为：挺膝、展髋；踹腿应该脆、快、有力。侧踢时，脚尖要内扣，避免脚尖朝上。

（四）组合动作

1. 平衡组合动作练习

平衡动作是传统武术的一种基本技法，泛指一腿支撑，另一腿抬离开地面的单脚独立动作，具体划分为持久性平衡与非持久性平衡。以扣腿平衡—抡臂砸拳—燕式平衡—提膝平衡—并步抱拳练习为例，具体动作组合练习如下。

（1）扣腿平衡

身体右转，左脚向左侧跨一大步成右弓步。同时注意左拳变掌向前弧形撩出，掌心向上。眼看左掌。左腿屈膝回收，使左脚背贴于右腿胴窝处。同时注意右拳由腰间向右侧冲出成立拳，高与肩平，拳眼向上；左掌上架于头上方，掌心向上。眼看右方。

（2）抡臂砸拳

身体微右转，左脚向左侧横跨一大步成右弓步。与此同时，左手向下、向前伸摆于体前下方，掌心向内；右拳变掌向内屈肘收于左腋下，掌心向外。眼看左掌。身体左转90°，左腿支撑，右腿屈膝上提。同时左掌向上、向左、向下抡摆于左侧平举，掌心向前；右掌变拳向右、向上抡摆于头上方，拳心向左。眼看前方。右腿勾脚向左脚内侧震踏，成并步半蹲。同时左掌摆于腹前，掌心向上，右拳向下用拳背砸击左掌，眼看前下方。

(3)燕式平衡

左腿伸直支撑,右腿向后蹬伸,成燕式平衡。同时上体前俯,挺胸抬头。右拳变掌,两臂向两侧分开平举。眼看前方。

(4)提膝平衡

右脚后落,支撑站立,左腿屈膝提起。同时右掌向下、向左、向上、向右弧形抡劈至右侧成立掌,左掌向左、向上架于头上方。眼睛注视右前方。

(5)并步抱拳

左脚向左侧落步,右脚向左脚内侧靠拢成并立步。同时左掌变拳两手收抱于腰间。眼睛注视前方。需要注意的是,各种平衡都务必要站稳,同时保持在 2 秒钟以上。

2.跳跃组合动作练习

以高虚步亮掌—旋风脚—提膝亮掌的组合动作练习为例,准备姿势为高虚步亮掌,具体动作内容如下。

(1)旋风脚

左脚向左上步,同时左手向前微摆,右臂伸直向后平摆。右脚随即上步,脚尖内扣。左臂屈肘收至右胸前,同时右臂向上、向前抡摆。上体向左旋转并前俯。将身体的重心右移,右腿屈膝蹬地跳起,左腿提起向左后上方抡摆。在空中,身体旋转一周,右腿做里合腿,左手在面前迎击右脚面。

(2)提膝亮掌

左脚落地,右脚相继于身前落地。随即右臂前伸,前臂外旋,左掌同时向左、向后分摆至体后。上体左转,右肩前顺,眼随右掌。右掌继续向上、向左、向下、向右画弧,屈肘、抖腕于头部右上方亮掌,同时左掌由后向前、向上从右臂内穿出并向左、向后画弧至体后变反勾手,高与肩平。左腿在右手抖腕亮掌的同时屈膝上提,脚面绷平,脚尖下垂内扣,右腿伸膝直立。上体左转,眼看左前方。

第二节　太极拳开展与健身方法指导

一、我国太极拳的总体开展情况

太极拳是我国传统武术的优秀拳种之一。在改革开放之后，我国的太极拳运动实现了很好的发展。具体来讲，我国的太极拳运动主要是在中老年人群中开展的，而且这类群体大多将太极拳运动安排在公园等户外的公共场所进行，开展的时间大多是选择在早晨。与此同时，太极拳运动也被引入到校园教学当中，我国很多校园当中都开展了太极拳运动教学，太极拳相应的教学科研工作也得到了非常积极的发展。

但是，当前我国太极拳运动的开展在实现很好普及的同时，也存在着很多的不足之处，具体表现在以下几点。

(1)太极拳运动的参与主体较为单一，太极拳虽然是一项老少皆宜的运动，但是在实际开展中老年人却占了参与人数的大部分。

(2)我国太极拳运动的开展存在着明显的地域差异。其中，经济发达地区参与太极拳运动的人数较多，而在经济较为落后的农村却只有少数人参与到太极拳运动当中。

(3)太极拳运动在锻炼效果方面也存在明显的个体差异。太极拳对于人体很多方面的益处是人所共知的，但是一些常年习练太极拳运动的人却收效甚微，这与太极拳运动本身以及运动指导者和习练者都存在一定的关系。

由上述可知，太极拳运动在我国的开展虽然还存在很多不足之处，但是总体来讲也取得了不错的效果。

二、太极拳的健身方法指导

太极拳的流派众多,这里只对太极拳简化二十四式的健身方法进行分析。

(一)第一组

1.起势

(1)双脚并拢,保持直立,目视前方;两臂在身体两侧自然放置,两手的指尖与大腿侧面轻贴。

(2)左脚慢慢向左移动,两脚间距离大约同肩宽,脚尖保持向前方向。

(3)慢慢把两臂向前举起来,直到与肩相同的高度,两臂之间的距离大约同肩宽,手心朝下。

(4)上体姿势不动,两腿膝部弯曲向下蹲;同时轻轻地向下按手掌直到腹前,两肘向下垂落与膝相对;眼睛直视前方。

2.左右野马分鬃

(1)向右转动上体,右腿支撑身体的重心;右臂放在胸前位置,平屈,手心保持朝下,左手经过身体前方放在右手下,手心朝上;左脚移动到右脚的内侧,脚尖与地面接触;眼看向右手方向。

(2)向左转动上体,左脚向左前方迈出,两手分别向左上方向与右下方向错开;眼看左手方向。

(3)继续向左转动上体,右脚跟向后蹬,伸直右腿使之成左弓步姿势;双手继续分别向左上方向与右下方向分开,左手与眼保持相同高度,手心朝斜上方,稍微弯曲肘部;右手放在右胯旁,稍微弯曲肘部,手心朝下,指尖朝前;眼看左手方向。

(4)上体向后坐,右腿支撑身体重心,向上翘起左脚尖并向外撇,两手成抱球姿势。

(5)左脚掌完全接触地面,左腿向前成弓形,向左转动身体,左腿开始支撑身体的重心;朝下方翻转左手,左臂在胸前平屈,右手放在左手下方;右脚移动到左脚的里侧,脚尖与地面接触;眼睛注视左手。

(6)上体稍微向右转,右腿迈向右前方,双手分别向左下方向与右上方向错开;眼看右手。

(7)左腿保持右弓步姿势;向右转动上体,双手分别向左下方和右上方分开,右手与眼在同一高度,手心朝斜上方,稍微弯曲肘部;左手置于左胯旁,稍微弯曲肘部,手心朝下,指尖朝前;眼睛注视右手。

(8)同(4),左右相反。

(9)同(5),左右相反。

(10)同(6),左右相反。

(11)同(7),左右相反。

3. 白鹤亮翅

(1)稍微向左转动上体,左手向下翻掌,平屈左臂置于胸前,右手向左上方向划弧,手心朝上,右手与左手相对成抱球姿势;眼看左手方向。

(2)右脚跟进半步,上体向后坐,右腿支撑身体重心;先向右转动上体,朝向右前方,眼看右手方向;稍向前移动左脚,脚尖点地,成左虚步;同时再稍微向左转动上体,面向前方。随着身体转动,两手慢慢向左下方与右上方错开,向上提右手到右额前方,手心朝左后方,左手置于左胯前,手心朝下,指尖朝前;眼睛注视前方。

(二)第二组

1. 左右搂膝拗步

(1)右手从身体前向下滑落,由下开始向后上方向划弧,将右手举到右肩外侧，稍微弯曲肘，手与耳保持同一高度，手心朝斜上方；左手从左下向上、向右下方向划弧最终置于右胸前，手心朝斜下方；同时先稍微向左转动再向右转动上体；左脚移到右脚里侧，脚尖与地面接触；眼看右手。

(2)向左转动上体，左脚迈向左前方成左弓步；同时右手屈回从耳边向前推出，与鼻尖保持同一高度，左手向下从左膝前穿过置于左胯旁，指尖朝前；眼向右手方向直视。

(3)慢慢弯曲右腿膝部，上体向后坐，将身体的重心转移到右腿，稍微翘起左脚尖并向外撇，之后全脚掌触地，左腿向前成弓形，向左转动身体，用左腿支撑身体的重心，右脚移动到左脚里侧，脚尖与地面接触；同时左手向外翻掌从左后方向上划弧最后置于左肩外侧，稍微弯曲肘部，手与耳保持统一高度，手心斜向上；右手随着身体的转动向上向左下划弧最后置于左胸前，手心向斜下方；眼看左手方向。

(4)同(2)，唯左右相反。

(5)同(3)，唯左右相反。

(6)同(2)。

2. 手挥琵琶

(1)右脚跟着移动半步，上体向后坐，右腿开始支撑身体的重心，上体半面向右方向转动。

(2)稍微提起左脚并向前移动，变成左虚步，脚跟与地面接触，向上翘起脚尖，稍微弯曲膝部；同时左手从左下方开始向上挑举，与鼻尖保持同一高度，掌心朝右，稍微弯曲手臂。

(3)收回右手，置于左臂肘部里侧，掌心朝左；两手以侧立掌姿势在体前相合；眼看左手食指方向。

3. 左右倒卷肱

(1)向右转动上体，右手翻掌从下经过腹前向后上方划弧平举，稍微弯曲手臂，然后左手翻掌向上；随着身体右转眼看右方，然后视线转向左手方向。

(2)弯曲右臂肘部，右手从耳边向前移动，掌心朝前，弯曲左臂肘部向后撤，掌心朝上，左臂撤到左肋外侧；轻轻提起左腿向左后方退一步，脚掌先与地面接触，然后全脚触地，左腿开始支撑身体重心，成右虚步，右脚随着身体的转动扭正；眼看右手方向。

(3)稍微向左转动上体。同时左手向后上方划弧平举，掌心朝上，右手翻掌，掌心朝上；眼睛先向左边看，然后将视线移动到右手的方向。

(4)同(2)，左右相反。

(5)同(3)，左右相反。

(6)同(2)。

(7)同(3)。

(8)同(2)，左右相反。

(三)第三组

1.左揽雀尾

(1)稍微向左转动上体，同时右手向后上方划弧平举，掌心朝上，放松左手，掌心朝下；眼看左手方向。

(2)身体继续向右转，左手自然下落翻掌，经过腹部前方划弧最终置于右肋前，掌心朝上；右臂肘部弯曲，掌心朝下，移动到右胸前，两手相对保持抱球姿势；同时右腿开始支撑身体重心，左脚收到右脚里侧，脚尖与地面接触；眼看右手方向。

(3)稍微向左转上体，左脚迈向左前方，继续向左转动上体，自然蹬直右腿，左腿膝部弯曲成左弓步，左臂推向左前方，与肩保持同一高度，掌心朝后；右手下落到右胯旁，掌心朝下，指尖朝前；眼看左前臂。

(4)稍微向左转动身体，向前伸展左手并翻掌向下，右手翻掌向上，经过腹部前方向上、向前伸展最后置于左前臂下方；然后两手下捋，向右转动上体，两手经过腹部前方向右后上方划弧，直到右手掌心朝上，与肩保持同一高度，左臂弯曲置于胸前，掌心朝后；同时用右腿支撑身体的重心；眼看右手方向。

(5)稍微向左转动身体，弯曲右臂肘部，右手置于左手腕内侧，继续向左转动上体，同时向前方推出双手，左手掌心朝后，右手掌心朝前，左前臂保持半圆姿势；慢慢向前移动身体的重心成左弓步；眼看左手腕部方向。

(6)左手翻掌，掌心朝下，右手经过左腕上方伸向前、右方向，与左手保持同一高度，掌心朝下，两手向左右方向分别分开，保持与肩宽相同的距离；弯曲右腿膝部，上体慢慢向后坐，右腿开始支撑身体重心，向上翘起左脚尖；同时两手手臂肘部弯曲移动到腹前，掌心都朝前下方；眼看前方。

(7)保持上式，慢慢向前移动身体的重心，两手同时向前、向上按出，手心朝前；左腿向前弓成左弓步；眼看前方。

2. 右揽雀尾

(1)上体向后坐，向右转动上体，身体重心移至右腿，左脚尖向内扣；右手向右方向平行划弧到右侧，从右下方经过腹部前方向左上方划弧到左肋前，掌心朝上；左臂弯曲置于胸前，左手手心朝下与右手保持抱球姿势；同时左腿再次支撑身体重心，右脚移动到左脚里侧，脚尖与地面接触；眼看左手方向。

(2)同“左揽雀尾”(3)解，但是左右相反。

(3)同“左揽雀尾”(4)解，但是左右相反。

(4)同“左揽雀尾”(5)解，但是左右相反。

(5)同“左揽雀尾”(6)解，但是左右相反。

(6)同“左揽雀尾”(7)解，但是左右相反。

(四)第四组

1. 单鞭

(1)上体向后坐，左腿开始支撑身体的重心，向内扣右脚尖；

同时向左转动上体，两手向左以弧形移动，直到右臂成平举姿势，右臂伸向身体左边，掌心朝左，右手经过腹部前方移动最后置于肋前，掌心朝后上方；眼看左手方向。

(2)将身体的重心逐渐转移到右腿上，向右转动上体，左脚移向右脚，脚尖与地面接触；同时右手向右上方划弧，到右侧方向时做勾手动作，臂与肩保持同一高度；左手向下经过腹部前方向右上方划弧，最后置于右肩前，掌心向内；眼看左手。

(3)稍微向左转动上体，左脚迈向左前侧方，向后蹬右脚跟，成左弓步；左腿开始支撑身体的重心，同时左掌慢慢翻转推向前方，掌心对准前方，手指与眼保持同一水平高度，稍微弯曲臂部；眼睛注视右手的方向。

2. 云手

(1)右腿开始支撑身体的重心，慢慢向右转动身体，向内扣左脚尖；左手经过腹部前方向右上划弧，最后置于右肩前，掌心朝后，同时右手由勾手变为手掌，手心朝右前方；眼看左手方向。

(2)慢慢向左转动上体，向左移动身体的重心；左手从脸前向左边移动，掌心慢慢朝左；右手从右下方经过腹部前方向左上方划弧，最后置于左肩前，掌心朝后；同时右脚向左脚移动，成小开立步；眼看右手方向。

(3)继续向右转动上体，同时左手经过腹部前方向右上划弧，最后置于右肩前方，掌心朝后；右手向右边移动，手心向右边翻转；左腿向左跨一步；眼睛注视左手的方向。

(4)同(2)。

(5)同(3)。

(6)同(2)。

3. 单鞭

(1)向右转动上体，右手也向右移动，置于右侧方时做勾手姿势；左手经过腹部前方向右划弧，最后置于右肩前，掌心朝内；右腿开始支撑重心，左脚尖与地面接触；眼看右手方向。

(2)稍微向左转动上体，左脚迈向左前方，向后蹬右脚跟，成左弓步；左腿支撑身体重心，继续向左转动上体，慢慢翻转左掌并推向前方，成“单鞭”式。

（五）第五组

1.高探马

(1)右脚向前跟进半步，慢慢向后移动身体的重心；右勾手还原成掌，翻转两手，掌心朝上，稍微弯曲两臂肘部；同时稍微向右转动身体，左脚跟慢慢离开地面；眼睛看左前方。

(2)稍微向左转动上体，朝向左前方，右掌经过右侧身体推向前方，掌心朝前，手指与眼保持同一高度；左手移到左侧腰前，掌心朝上；同时稍微向前移动左脚，脚尖与地面接触，成左虚步；眼睛注视右手方向。

2.右蹬脚

(1)左手掌心保持朝上，向前伸展到右手腕的背面，两手交叉，然后向两边分开两手并向下划弧，掌心向下，同时提起左脚向左前方移动；向前移动身体的重心；自然地将右腿蹬直，成左弓步；目视前方。

(2)两手从外圈开始向里圈方向划弧，两手交叉在胸前合抱，左手在里，两手掌心朝后；左脚向右脚靠拢，脚尖与地面接触；眼看右前方。

(3)两手臂向左右方向分别划弧平举，稍微弯曲肘部，手心都朝外；弯曲并提起右腿膝部，右脚蹬向右前方；眼看右手方向。

3.双峰贯耳

(1)收回右腿，膝盖弯曲并平举；左手从后向上、从前下落到身体前，两手掌心朝上，两手向下方划弧，分别置于右膝盖两边；

眼看前方位置。

(2)右脚落向右前方，慢慢向前移动身体的重心，成右弓步姿势，面向右前方；两手自然下落后变拳，分别从左右两方向朝上、朝前划弧到脸部前，成钳形；两拳保持相对，与耳保持同一高度，拳眼朝斜下方；眼看右拳方向。

4. 转身左蹬脚

(1)弯曲左腿膝部向后坐，左腿支撑身体的重心，向左转动上体，右脚尖内扣；两拳恢复掌的手型，从上向左右方向划弧并平举，掌心朝前；眼看左手方向。

(2)右腿开始支撑身体的重心，左脚移动到右脚里侧，脚尖与地面接触；两手从外向里划弧在胸前合抱，右手在内，掌心都朝后；眼看左方。

(3)两手臂向左右方向划弧并平举，稍微弯曲肘部，掌心朝外；同时弯曲并提起左腿膝部，左脚蹬向左前方；眼看右手方向。

(六)第六组

1. 左下势独立

(1)收回左腿并平屈，向右转动上体；右掌做勾手姿势，左手向上、右方向划弧并下落，置于右肩前位置，手心朝后；眼看右手方向。

(2)慢慢弯曲右腿膝部并向下蹲，左腿伸向左侧，成左仆步；左手向左下方向下落顺左腿里侧穿向前方；眼看左手方向。

(3)向前移动身体重心，以左脚跟为轴向外撇脚尖，左腿向前成弓步，向后蹬右腿，右脚尖内扣，稍微向左转动上体并向前起身；左臂继续伸向前方，手心朝右，右手变勾状下落，勾尖朝后；眼看左手方向。

(4)慢慢提起右腿并平屈；右勾手恢复掌，并从后下方沿着右腿外侧上挑到前方，手臂弯曲置于右腿上方，肘部与膝盖保持相对，掌心朝左；左手置于左胯旁，掌心朝下，指尖保持向前；眼睛注视右手方向。

2.右下势独立

(1)向下放右脚置于左脚前，脚尖与地面接触，以左脚前掌为轴，转动脚跟，同时向左转动身体，左手向后方向平举变勾手姿势，右掌向左侧方向划弧后置于左肩前方，掌心朝后；眼看左手方向。

(2)同"左下势独立"(2)解，但是左右相反。

(3)同"左下势独立"(3)解，但是左右相反。

(4)同"左下势独立"(4)解，但是左右相反。

(七)第七组

1.左右穿梭

(1)稍微向左转动身体，左腿落向前方，向外撇脚尖，右脚跟与地分离，弯曲两腿膝部成半坐盘式；两手在左胸前方做抱球姿势；收回右脚，置于左脚里侧，脚尖与地面接触；眼看左前臂方向。

(2)向右转动身体，右脚迈向右前方，膝部弯曲弓腿成右弓步；从面前向上举右手并翻掌置于右额前，掌心向下；左手向左下经过身体前推向前方，与鼻尖保持同一高度，掌心朝前；眼看左手方向。

(3)向后移动身体重心，稍微向外撇右脚尖，右腿开始支撑身体重心，左脚随之移动，置于右脚内侧，脚尖与地面接触；两手在胸前做抱球姿势；眼看右前臂方向。

(4)与(2)动作相同，左右方向相反。

2.海底针

(1)右脚向前跟进，身体重心移至右腿，右脚稍向前移举步；右手下落经体前向后、向上提抽至肩上耳旁，左手下落至体前侧。

(2)左脚尖点地成左虚步；同时身体稍向右转；右手再随身体

左转，由右耳旁斜向前下方插出，掌心向左，指尖斜向下；与此同时，左手向前、向下划弧落于左胯旁，手心向下，指尖向前；眼睛注视前下方。

3. 闪通臂

(1)稍微向右转动上体，左脚收回举步，向上提两手；眼看前方。

(2)向前迈左脚，脚跟与地接触；两手向左前、右后方向分别分开；左右手掌心分别朝前、朝外；眼看前方。

(3)向前移动重心，弯曲左腿膝部成左弓步；向上举右手并屈臂，置于右额前上方，手心朝上，拇指向下；左手由胸前推向前方，与鼻尖保持统一高度，掌心朝前；眼看左手方向。

(八)第八组

1. 转身搬拦捶

(1)上体向后坐，右腿开始支撑身体重心，左脚尖向内扣；向右后方向转动身体，然后左腿开始支撑身体重心；同时右手向右、向下(变拳)经腹部前方划弧到左肋旁，拳心朝下；向上举左掌到头前，掌心朝上；眼看前方。

(2)身体向右转动，右拳从胸前向前撇出，拳心保持朝上；左手置于左胯旁，手心朝下；收回右脚并迈向前方，向外撇脚尖；眼看右拳方向。

(3)右腿开始支撑身体重心，左腿迈向前方一步距离；左手经左侧向前上方划弧拦出，手心朝前上方；右拳向右划弧并最后置于右腰旁，拳心保持向上；眼看左手方向。

(4)左腿向前弓成左弓步，同时右拳伸向前方，拳眼朝上，与胸保持同一高度，左手在右前臂内侧；眼看右拳方向。

2. 如封似闭

(1)左手从右腕下伸向前方，右手由拳变掌，慢慢翻转两手，手心向上,逐渐分开收回两手;同时身体向后坐,向上翘起左脚尖,右腿开始支撑身体重心;眼向前方直视。

(2)在胸前翻转两手掌,向下经过腹部前方再推向上方、前方;腕部和肩保持同一高度,掌心朝前;同时左腿向前弓成左弓步;眼看前方位置。

3.十字手

(1)膝部弯曲向后坐,右腿开始支撑身体重心,左脚尖向内扣,身体向右转动;右手向右方向平摆划弧,与左手成两臂侧平举,手心朝前,稍微弯曲肘部;同时稍微向外撇右脚尖,成右侧弓步;眼看右手方向。

(2)左腿开始支撑身体重心,右脚尖向内扣,然后向左收回右脚,两脚保持与肩同宽的距离,逐渐蹬直两腿,成开立步;两手朝下经过腹部前方向上划弧交叉在胸前合抱,两手臂撑圆,腕与肩保持同一高度,左手在内,成十字手,掌心朝后;眼看前方。

4.收势

(1)两手朝外翻掌,掌心朝下,慢慢向下放两臂,置于腹前位置;眼看前方。

(2)慢慢蹬直双腿,两掌慢慢下落,分别置于大腿两侧的方向,之后左脚收回并步直立;眼睛注视前方。

第三节　健身气功开展与健身方法指导

一、我国健身气功的总体开展情况

健身气功指的是以自身形体活动、呼吸吐纳、心理调节相结合为主要运动形式的民族传统体育项目。习练健身气功对于人体具有很多方面的积极作用，它不仅能够显著增强人的心理素质，同时还能够改善人的生理功能，提高人的生存质量与道德修养等。

总体来讲，当前我国居民对于健身气功功能作用有着较为全面的认识，不仅认识到健身气功在健身、强身等方面的积极作用，同时还了解到健身气功在丰富生活、育德、观赏、娱乐等其他方面的多种功能。但是，我国当前绝大多数居民对于健身气功的认识还是正确的，只是这种认识还不够完整。

当前，我国健身气功参与人群的职业分布也比较广泛，各行各业的工作人员都有参与到健身气功健身的行列中来，这就表明当前我国健身气功的开展具有很好的普适性。其中，参与健身气功的健身人群中以离退休人员为主，这主要是由于退休人员有更多闲暇的时间与精力来参与健身运动。

二、健身气功的健身方法指导

健身气功具体包含很多不同的运动，这里主要对其中的五禽戏与八段锦的健身方法进行分析。

（一）五禽戏的健身方法指导

具体来讲，五禽戏的内容主要包括虎戏、鹿戏、熊戏、猿戏、鸟戏。

1. 虎戏（见图 7-4）

(1)自然站立，身体向前俯，两手与地接触，身躯用力前耸同时配合吸气。身躯耸至极后时停止，然后向后缩动身躯并呼气，练习做 3 次。

(2)之后向前挪动两手，先左手后右手，同时向后移动两脚，用最大的力气对腰身进行拉伸。

(3)接着抬头向上看，之后低头平视前方。

(4)最后，像虎行一般用四肢向前爬七步，向后退七步。

图 7-4

2. 鹿戏(见图 7-5)

(1)四肢与地接触,吸气,向左转头颈,眼睛注视右侧后方,头颈向左转到不能再继续转动后停止,呼气,向回转头颈,恢复初始位置后再吸气,然后以同样的方式继续向右转。左转 3 次,右转 2 次,最后还原。

(2)然后,左腿抬起并向后挺伸,保持一段时间之后左腿下落触地,以同样的方法抬右腿。左腿向后伸 3 次,右腿向后伸 2 次。

图 7-5

3. 熊戏(见图 7-6)

(1)仰卧地面,两腿膝部弯曲拱起,两脚与床面分离,两手在膝下合抱,用力向上抬头颈,肩背与床面分类,保持一段时间之后,先向侧方向移动左肩使之触床面,左肩与床面接触瞬间头颈立即用力向上,肩再次与床面分离,稍微停顿之后再右肩以相同方式做此动作。左右肩交替各做 7 次。

(2)然后起身，在床面上做蹲式姿势，两手分别置于同侧脚旁。

(3)接着类似熊一样行走，左脚和右手掌抬起。左脚、右手掌回落后右脚和左手掌随即抬起。左右交替进行，随手臂移动向左右方向摆动身躯，片刻停止。

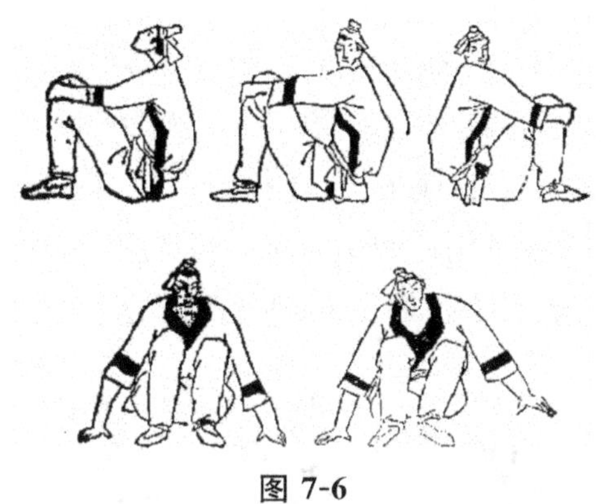

图 7-6

4. 猿戏(见图 7-7)

(1)选择一根牢固的横竿，横竿高于自身身高，站立，用手指触及横竿，像猿攀物一样用双手将横竿抓握，两脚离地，做引体向上 7 次。

图 7-7

(2)然后先用左脚背将横竿勾住,两手放下,头身向下倒悬,保持一段时间后用右脚做相同动作,左右交替各做7次。

5.鸟戏(见图7-8)

(1)自然站立。左腿在吸气时翘起,两臂向侧方向平举,眉毛扬起,鼓足气力,模仿鸟展翅做即将起飞的姿势。

(2)呼气时,左腿触地,两臂置于腿的两侧,之后翘起右腿进行相同的动作。左右腿交替各做7次,然后坐下。

(3)右腿弯曲,两手在膝下合抱,将膝部拉到接近胸前的位置,稍停之后用左腿做相同动作,左右腿交替7次。

(4)最后,两臂像鸟展翅一样各伸缩7次。

图7-8

(二)八段锦的健身方法指导

八段锦是由八节动作组成的一种健身运动方法。其中,"八"不是单指段、节与八个动作,而是表示其功法包含有多个要素,这些要素之间是相互制约与相互联系的。"锦"是指单个导引术式的汇集,如同丝锦一般连绵不断,是一套完整的健身方法。具体来讲,八段锦的具体练习方法如下。

预备式：身体直立，两臂下垂，全身放松，舌抵上腭，目光平视。

1. 两手托天理三焦（见图 7-9）

保持自然站立，双手自然下垂，呼吸自然，两臂随着吸气从体侧缓缓上举至头顶，掌心朝上；两手手指相叉，内旋翻掌往上撑起，肘关节伸直，如托天状；同时两脚跟尽可能向上提，抬头，眼看手背。随着呼气，两臂经体侧缓缓下落；脚跟轻轻着地，还原成预备式。

进行练习时，两手上托时掌根用力上顶，腰背应该充分伸展。脚跟上提时，两膝用力伸直内夹。

2. 左右开弓似射雕（见图 7-10）

身体保持直立，左足跨出一大步，身体下蹲做骑马式。两臂在胸前交叉，右臂在外，左臂在内。"左开弓"动作，拇指伸直与食指成八字撑开，其余三指扣住，缓缓用力向左侧平推，同时右拳松握屈肘向右平拉，似拉弓状，眼看左手。两臂下落，经腹前向上抬起，在胸前交叉，右手在内，左手握拳在外。"右开弓"动作同"左开弓"，唯左右相反。模仿拉弓射箭的动作，开弓时应该缓缓用力，回收时慢慢放松。开弓时呼气，收回时吸气。

图 7-9

图 7-10

3. 调整脾胃须单举(见图 7-11)

并步保持直立,两臂屈肘上抬到身体的胸前,掌心向下。“左举”动作,左手内旋上举至头顶,同时右手下按至右胯旁。左手向下,右手向上至胸前;“右举”动作同“左举”,唯左右相反。

进行练习时,应该注意以吸气配合上举下按,以呼气配合过渡性动作。上举时须有托、撑的意思。

4. 五劳七伤往后瞧(见图 7-12)

身体保持直立,两脚并步,头缓缓向左、向后转,眼睛注视后方。上动稍停片刻,头慢慢转回原位。头缓缓向右、向后转,眼看后方。转头时,身体应该保持正直,以呼气配合转头后看动作,以吸气配合转头复原动作。

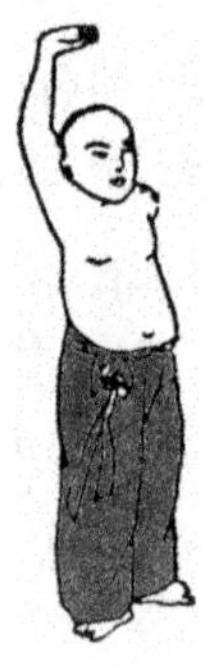

图 7-11

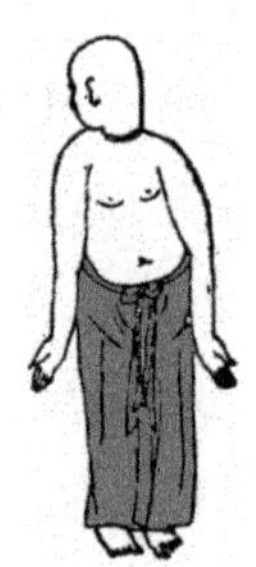

图 7-12

5. 摇头摆尾去心火(见图 7-13)

两足分开,左脚向左横跨一步成马步,两手张开,虎口朝里,扶住大腿前部。随着吸气,头向左下摆,臀部向右上摆,上体左倾。随着呼气,头向右下摆,臀部向左上摆,上体右倾。上体前俯,头和躯干向左、向后、向右、向前绕环一周。

进行练习时,上体摇摆时坐要稳,不要上下起伏。呼吸与头、臀摇摆应该协调一致。

6. 双手攀足固肾腰(见图 7-14)

两脚并步保持直立，上体向后仰，两手由体侧转移到身后。上体缓缓前俯深屈，两膝挺直，两臂随屈体向前、向下，用手攀握脚尖，(或者手触地)保持片刻。

进行练习时，身体应该保持放松，动作要求缓慢，上体后仰吸气，前屈攀足呼气。

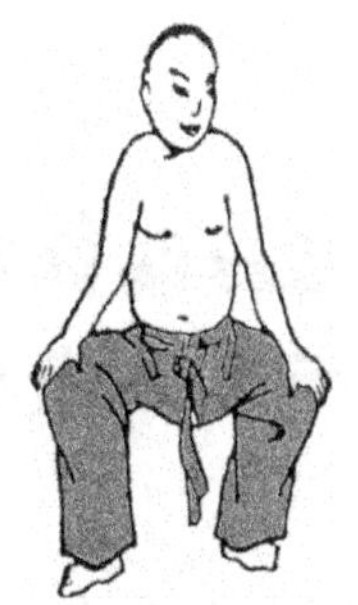

图 7-13

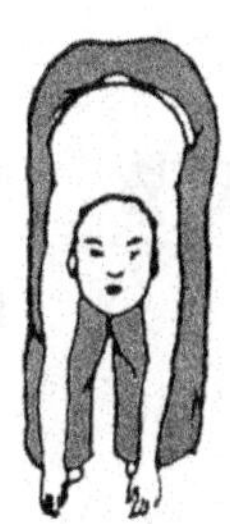

图 7-14

7. 攒拳怒目增力气(见图 7-15)

马步开始，左脚向左平跨一步成马步，两手握拳抱于腰间，目视前方。左拳向前用劲缓缓冲出，小臂内旋拳心向下。左拳变掌，然后抓握成拳收抱腰间。右拳向前用劲缓缓冲出，小臂内旋拳心向下。左侧冲拳，方法同左前冲拳，推向左侧冲出。右侧冲拳、同左侧冲拳，唯左右相反。冲拳时，呼气并瞪眼，收拳时吸气。身体要正，步法要稳，冲拳要运劲。

8. 背后七颠百病消(见图 7-16)

身体保持自然直立，并足，两掌紧贴腿侧，两膝伸直，两手左里右外交叠于身后；脚跟尽可能向上提，头上顶，同时吸气。足跟轻轻落下，接近地面但是不要着地，同时呼气。

进行练习时，要做到呼吸与提脚相配合，如此连续起落颠动，使全身放松。最后脚跟落地，恢复到开始时的直立状态，垂臂收功。

图 7-15

图 7-16

第四节 其他民间民俗传统体育运动的开展与方法指导

除了武术、太极拳、健身气功等运动项目之外，我国还有很多独具特色的民间民俗传统体育运动也具有很好的健身作用，同时在我国也有着非常广泛的群众基础，这里主要对其中的秋千运动与跳绳运动的开展情况与方法指导进行具体分析。

一、秋千运动

（一）我国秋千运动的总体开展情况

秋千运动主要流行于我国的北方地区以及西南少数民族区域，其中朝鲜族、满族、蒙古族、白族、壮族、苗族、阿昌族、哈尼族、维吾尔族等少数民族地区的秋千活动已经成为固定的节日或者节日当中固定的活动项目。我国当前常见的秋千运动形式主要包括两种形式，即以朝鲜族秋千为代表的单一踏板秋千和南方少数民族地区常见的圆形多个踏板秋千。

秋千运动从第 3 届全国少数民族传统体育运动会开始被列为正式的比赛项目，这也标志着秋千运动由此进入了一个新的发展阶段。国家民委和国家体育总局组织了专家、民族体育干部和少数民族运动员代表对秋千比赛的项目设置、场地器材和比赛规则进行了调整和修订,增加了秋千比赛项目设置和奖牌数;从保证运动员的安全和有利于运动员创造成绩的角度出发,对比赛场地和器材做出了明确的规定;本着"公平、公正、准确"的原则,充分考虑到比赛中可能出现的各种情况,对比赛规则进行了修订,提高了比赛的正规化、评判的公正性和裁判工作的科学性。

在秋千运动比赛规则不断完善的同时,秋千运动也在全国范围内得到了很好的开展。很多学校的体育课都开设有秋千运动教学,在广大社区当中,秋千运动也是一种非常常见的休闲体育运动。

(二)秋千运动的健身方法指导

一般来讲,秋千运动的技术主要包括握法与站位、起荡、前摆、后摆、触铃、停摆六个部分,具体如下。

1. 握法与站位

荡秋千的握法主要包括绑系安全带方法、脚站位以及手握绳高度三个部分。

(1)绑系安全带方法

每条安全带应能承受100千克的拉力,安全带由一条宽幅的长布两头打结后连成环状,两头分别套在秋千绳和运动员的手腕上。

(2)脚站位

在系好安全带之后,练习者应该单腿站立,前脚踏在脚踏板上,后脚提踵用前脚掌支撑在起荡台上,脚、背、颈部保持自然放松,两臂、两膝微屈,调整好自己的呼吸,向裁判员示意准备起荡。

(3)手握绳高度

双手用拇指压住食指和中指,牢牢地握住秋千绳。套上安全带后,手抓握秋千绳的高度一般在胸至髋关节处之间。

2.起荡技术

(1)当运动者听到出发令后,首先应该进行吸气动作,双手用力向后向上拉绳,后脚迅速用力蹬离起荡台,同时前脚向后上吸提,拉板进行"吸板"动作,使身体的重心尽可能上升,提高起荡瞬间的身体重心高度。

(2)后脚蹬离起荡台后,积极上抬与前脚并拢,放置在脚踏板上,人体在脚踏板上尽量后屈腿成半蹲姿势。

(3)之后两腿用力向前向下蹬,推出脚踏板,同时双手推绳,使身体向下方运动,以获得较大初速度,开始第一次前摆。

3.前摆技术

在后脚蹬离起荡台以后,两脚踏在秋板上或者后摆到最高点时,屈膝、双手向后拉绳、两肩充分拉伸、身体后移、身体重心下降成半蹲姿势,下坠秋千绳;随着秋千绳的摆荡,双腿积极快速地向前下方蹬踏脚踏板,加快秋千的前摆速度,身体的重心同时也随着双腿的蹬伸而继续下坠秋千绳,完成前摆时的第一次蹬伸。接着在秋千绳靠近垂直面之前,双手用力拉绳,腰腹用力,两腿屈膝,从而使身体的重心前移,第二次成半蹲姿势;当秋千绳靠近垂直面时,双手用力上拉使双手和秋千绳靠近体侧,双脚的前脚掌向下向后用力蹬板,与此同时,腰腹用力,向前挺膝、送髋、挺腹、挺胸、抬头屈肘,身体完成挺身起的波浪式动作,当秋千绳前摆至最高点时,应该充分伸展自己的身体,完成前摆时的第二次蹬伸。在身体将要接近最高点时,两臂用力向体侧打开,完成"分绳"动作,身体积极前移至秋千绳前方,空中形成两臂侧下举直立姿势。

预摆过程中,当后摆至最高点后,屈膝、双手向后拉绳、身体下降成半蹲姿势,下坠秋千绳,开始完成前摆技术动作,动作要点与第一次前摆的要求相同。

4.后摆技术

当身体摆至前摆的最高点后,身体随秋千的回摆,双手应该紧握秋千绳，两臂由分绳的打开回收到腰侧，双腿屈腿半蹲成空中半蹲姿势。然后，两臂向前上推秋千的绳索，双腿同时向前上蹬脚踏板，完成伸肘、含胸，屈腹、屈髋、伸膝、臀部下坐、躯干成弓形，下坠秋千绳，使身体的重心尽可能下降，形成空中的悬垂举腿姿势。下坠秋千绳主要有两个目的：一是减少阻力，二是对秋千绳产生向下、向后的拉力，因此身体重心的投影点应尽量低于脚踏板和远离秋千绳。随着秋千绳后摆，将要靠近秋千架时，双手用力拉绳，屈膝、两前脚掌向下、向后压板、小腿向后回收完成双腿向后的“吸板”动作，成空中上体稍后仰的屈膝半蹲姿势，接着，在接近垂直面时，双手用力向后、向上拉绳，双腿向后蹬踏脚踏板，腰腹同时用力，身体在空中完成挺身起动作；当人体接近后摆最高点时，两臂应该用力外展，完成“分绳”的动作，身体在脚踏板上，秋千绳后的两臂侧下举成直立姿势。

5. 触铃技术

单人触铃技术主要包括手触铃与脚(脚踏板)触铃两种动作。

6. 停摆动作

高度比赛中，触铃成功后或者触铃比赛中听到“时间到”的敲锣声时双手抓稳秋千绳，站立或者坐在秋板上随秋千绳自然摆荡，当秋千绳的摆动幅度小于30°角时，可以随秋千的摆动惯性跳下秋千跑出场地，或者等待秋千自动停止后跳下。

二、跳绳运动

(一)我国跳绳运动的总体开展情况

我国的跳绳运动有着非常悠久的历史。早在唐朝时期，民间就有跳绳这一娱乐活动，当时称跳绳为“透索”，明代称“跳百索”或“跳白索”，宋代称“跳索”，清代则称“绳飞”。

到了近代，跳绳运动在我国实现了比较迅速的发展，这首先表现在绳子的制作上，绳子的制作材料更加轻便，取代了原来跳绳用的草绳或者麻绳，而且在短绳的两端加上手柄，更有利于摇绳。绳子的色彩更加鲜艳和明朗，更增添了跳绳运动的趣味性和人性化。为了更好地对这个项目进行组织和推广，世界跳绳联盟、欧洲跳绳总会、中国跳绳网、中国香港跳绳总会、美国跳绳网等国内外毽球运动组织和网站先后成立，这些组织和网站会定期举行一些比赛。

除了一些国际与洲际性的跳绳比赛，很多国家都会举办自己的跳绳比赛。在我国，跳绳比赛特别是区域性质、由民间组织的跳绳赛事非常多。但是，我国到目前为止还没有真正意义上的全国跳绳协会或者联盟，同时也没有建立起一套较为规范的裁判培训与认证体系。当前，我国参加国际性跳绳赛事的组织工作主要是由河南洛阳跳绳协会承担。与此同时，在国家体育总局社会体育指导中心的积极推动下，2007 年在广州举办了第 1 届“菱电杯”全国跳绳公开赛，2009 年在四川举办了第 2 届。到了 2016 年，中国荔波国际跳绳公开赛暨全国跳绳联赛分站赛在贵州省荔波县隆重开幕。各种跳绳比赛的广泛开展在不断推动着我国跳绳运动发展出现新局面，这也将使得我国的跳绳运动逐渐走上规范、健康、快速的发展轨道。

（二）跳绳运动的健身方法指导

1. 单摇跳

单摇跳是跳绳运动中一种最基本、最简单的技术。单摇跳即摇绳一回环、跳跃一次。一般来讲，单摇跳主要包括前摇跳与后摇跳两种形式。

（1）单摇双脚跳

两手握绳，两臂自然弯曲，将跳绳放在体后，两手腕同时用力从体后向体前做顺时针摇动，当绳摇转到体前下落触地时，双脚立即起跳让绳通过脚下，然后两脚同时落地，两腿屈膝缓冲，并准备再次起跳。

后单摇双脚跳时，将绳放在体前，双手由体前向体后做逆时针摇动，当绳摇转到体后下落触地时双脚同时跳起让绳从体后向前通过。

(2)单摇交叉脚跳

在进行单摇交叉脚跳时，应做前摇绳或后摇绳，双脚同时跳起，落地时两脚左右交叉着地，也可前后交叉落地。如果交叉幅度大，摇绳回环速度可放慢。

(3)单摇双脚交换跳

由体后向体前摇绳一回环，双脚交替跳，即原地跑步跳绳。后摇双脚交换跳时，则从体前向体后摇绳做双脚交换跳。原地双脚交换跳时，要求屈膝上抬，小腿不要后摆，双脚依次蹬地并交替放松休息。

2. 双摇跳

双摇跳是跳绳运动中的一种动作较为复杂的技术方法。一般来讲，双摇跳又可以分为前双摇跳与后双摇跳两种形式。

(1)双摇双脚跳

在做双摇双脚跳时，运动者应该先做几个前单摇跳，使向前摇绳回环有了初速度，再突然加快摇绳，双脚同时高跳，每跳跃一次向前摇绳两回环。前双摇跳技术的关键是摇绳与跳的配合，高速快摇有利于完成动作。

在初学阶段，运动者可以多进行收腹、屈腿的动作练习，从而增加身体腾空的时间，使跳绳顺利通过脚下两次，掌握技术之后可以连续进行双摇跳的练习。后双摇双脚跳，是由前向后摇绳两回环跳，练习时可将跳绳放长一些，两臂稍外展，快速摇绳使绳有打地声，这样便于控制起跳时机和节奏。

(2)双摇单脚跳

在跳绳运动中，双摇单脚跳与双摇双脚跳的方法基本相同，只是用单脚跳起通过摇绳两回环。在掌握了双摇双脚跳以后,既可以进行单脚跳的练习,同时还可以做后双摇单脚跳。

(3)双摇双脚交替跳

跳绳者在进行双摇双脚交替跳时,应该先从单摇一回环单脚跳或两脚交替跳开始,然后加快摇绳速度,两回环跳一次,左右脚交替做双摇跳。两脚交替双摇跳较单脚双摇跳难学,但比单脚双摇跳持续的时间长、跳的次数多。练习时先做单脚双摇跳,再向左右脚交替跳过渡,熟练掌握后再练习后摇双回环两脚交替跳。

第八章　修身塑形类健身活动的开展与科学指导

修身塑形类健身活动也是大众健身的重要内容之一，有着非常重要的地位和作用。当前，随着生活水平的不断提高，人们对身体素质和体形的要求越来越高，尤其是年轻女性。因此，大众健身中的修身塑形类健身活动受到人们的广泛欢迎与青睐。本章主要对普及性非常广泛的健身操、体育舞蹈、瑜伽以及广场舞这几种健身活动的开展情况进行分析，同时对其健身方法进行科学指导。

第一节　健身操开展与健身方法指导

一、我国健身操的开展现状

（一）健身操舞参与者的现状

通过对健身操参与者的性别、年龄、文化程度、职业等基本情况的调查和分析，可以得知以下几个方面的内容。

（1）参与健身操的大部分为女性，只有一少部分男性参与其中，导致这一现象的原因，主要在于人们认为健身操过于柔美，不适合男性；再一个就是男性对健身操是认可和接受的，只是团队中男性人数太少，放不开。

(2)在年龄方面，以中老年人为主，也有一些青年人愿意参与到健身操的锻炼中，由此可以看出，人们的健身意识在日益增强。除此之外，更多的青年及少年人群也及时地参与到全民健身操锻炼的行列中来，这也在一定程度上将全民健身操舞的全民性及老少皆宜的健身特点充分反映出来，可见健身操的发展空间是巨大的。

(3)在健身操参与者的职业方面，首先最主要的是离退休人员，这主要是因为这一人群有着充裕的闲暇时间；其次是企事业单位的工作人员和工人，原因在于工作压力大，通过健身操的锻炼，能够有效缓解压力和疲劳；最后是农民和学生，但农民忙于生计和农活，时间受限，学生也只能在课外或者节假日能够参与。需要强调的是，农民参与健身操呈现出越来越好的发展趋势。

(4)在参与者锻炼内容方面，健身操有着丰富的内容和多种多样的形式，对参与者有着较大的吸引力。从相关调查中可以发现，最受欢迎的是民族健身操，其次为有氧健身操、时尚健身操等。

(5)在参与者对健身指导员的需求方面，大部分参与者对健身指导员有需求，其中，接近一半的参与人群非常需要健身指导员，由此可以看出，参与者对健身操指导员的需求是迫切的，因此，这就要求相关政府部门要加强对这方面的重视。

(二)健身操开展的管理组织现状

从当前的形势来看，健身操开展的管理组织机构还处于探索和不成熟阶段，社区领导对健身操舞开展工作的管理组织急需规范化、正规化和法制化。从相关的调查中可以得知，认为健身操开展的管理非常到位的只有非常少的一小部分，大部分是不到位的，因此，这就要求相关部门要对这一方面加以改进。

一般的，对健身操开展的管理方式主要为锻炼者的自主管理，具有专门管理组织机构的非常少，因此，进一步完善管理组织机制和机构就显得尤为重要。

据调查,健身操组织管理人员中,以中青年为主,且男性居多,学历普遍不高。另外,健身操的组织管理者往往是非专业出身,只是因为兴趣爱好而从事这一工作。因此,为了更好地促进健身操的发展,需要加强对组织管理人员的专业培训。

(三)健身操参与者的锻炼场地分布及锻炼消费现状

1.锻炼场地分布情况

一般来说,健身操的锻炼场地首先为社区广场,其次是公园,最后是其他的一些不固定的场地。据了解,人们在进行健身操的锻炼时,对锻炼场地的选择,往往会首先遵循就近原则,对场地的要求不是很高,相对来说,部分人对锻炼的氛围及环境因素较为重视。

2.锻炼消费情况

随着社会主义市场经济的发展,体育消费已逐步成为一个日益重要的消费市场,体育消费市场也在很大程度上促进经济的发展。经过相关的调查可以得知,目前居民健身操消费水平仍然较低。导致这一现象的主要原因在于参与健身操锻炼的以中老年人为主,他们的消费意识较为薄弱,消费观较为保守。

二、健身操的健身方法指导

(一)健身操的基本健身动作

1.基本手型

(1)合掌:大拇指指关节弯曲内扣,其余四指并拢伸直。手腕伸直,使手臂成一条直线。腕关节与掌指关节适度紧张。

(2)分掌:五指用力分开,并伸直。

(3)拳:五指弯曲紧握,大拇指压在食指弯曲部位。

(4)推掌:手掌用力上翘,五指自然弯曲。

(5)西班牙舞手势:五指用力,小指、无名指、中指自掌指关节处依次弯曲,拇指稍内扣。

(6)芭蕾手势:五指微屈、后三指并拢,稍内收,拇指内扣。

(7)一指式:握拳,食指伸直或拇指伸直。

(8)响指:拇指与中指摩擦与食指打响,无名指、小指弯曲至握。

以上基本手势如图 8-1 所示。

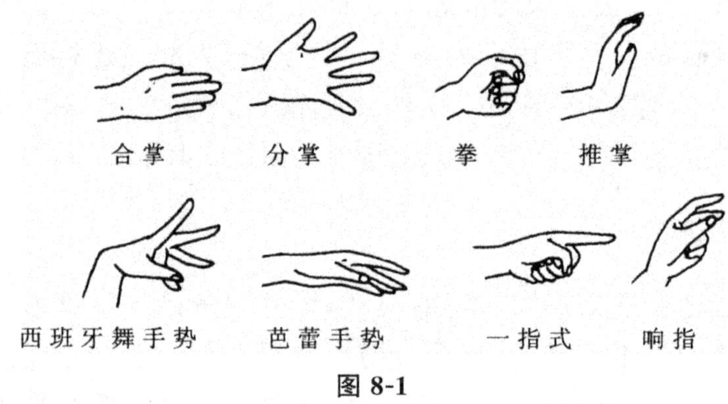

图 8-1

2. 头、颈部动作

(1)屈:头部向前、后、左、右四个方向分别做颈部关节弯曲的运动。另外还有侧前、侧后、侧上、侧下等一些动作方向。注意身体正直,做动作时应缓慢,充分伸展颈部肌肉。动作变化有前屈、后屈、左侧屈、右侧屈(见图 8-2)。

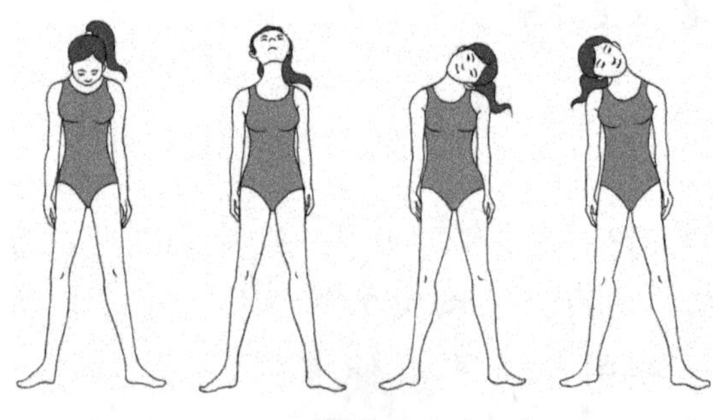

图 8-2

（2）转：头保持正直，然后头颈部沿身体垂直轴向左、右转动 90°。注意下颌平稳地左右转动。动作变化有左转、右转（见图 8-3）。

（3）环绕：头保持正直，然后头颈部沿身体垂直轴向左或右转动 360°。注意转动时头部要匀速缓慢，不要过快。动作要到位，向后转时头要后仰。动作变化有左或右环绕，两动作一致，方向相反（见图 8-4）。

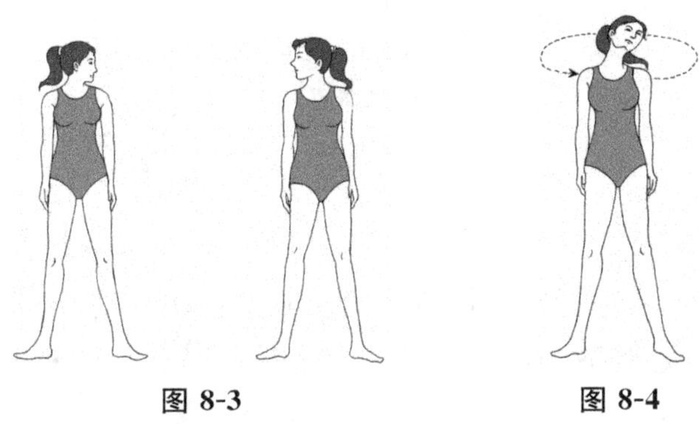

图 8-3　　　　图 8-4

3. 肩部动作

（1）提肩：脚开立，身体保持正直，然后肩部沿身体垂直轴向上提起。动作变化有单提肩、双提肩（见图 8-5）。

（2）沉肩：脚开立，身体保持正直，然后肩部沿身体垂直轴向下沉落。动作变化有双肩下沉（见图 8-6）。

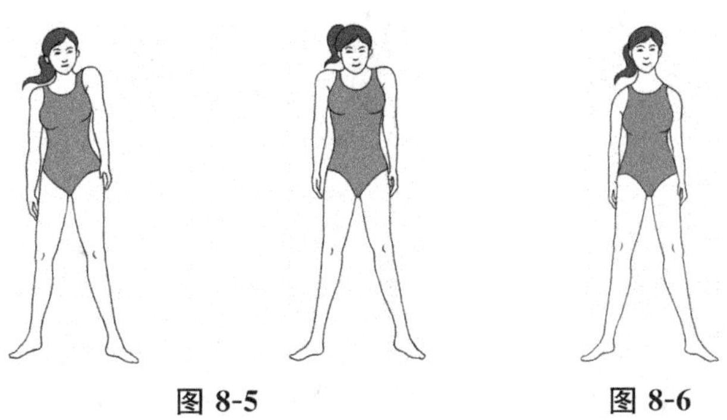

图 8-5　　　　图 8-6

（3）绕肩：脚开立，身体保持正直，然后肩部沿身体前、后、上、下四个方向进行绕动。动作变化有单肩环绕、双肩环绕(见图 8-7)。

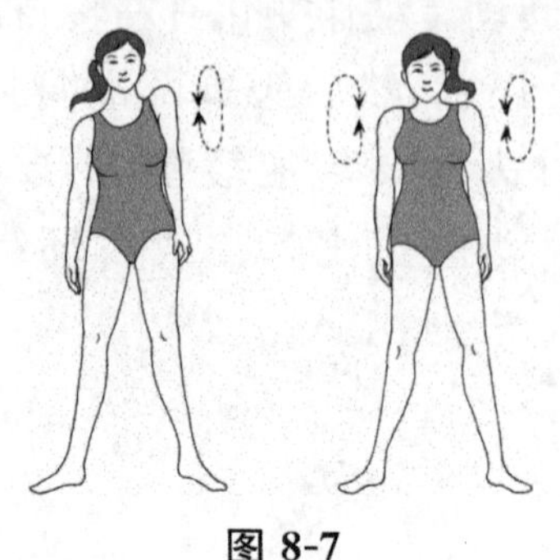

图 8-7

4. 上肢动作

(1)举:以肩关节为中心,手臂进行活动。动作变化有前举、后举、侧举、侧上举、侧下举、上举(见图 8-8)。

图 8-8

(2)屈:肘关节由弯曲到伸直或由伸直到弯曲的动作。动作变化有胸前平屈、肩侧屈、肩侧上屈、肩侧下屈、胸前上屈、头后屈(见图 8-9)。

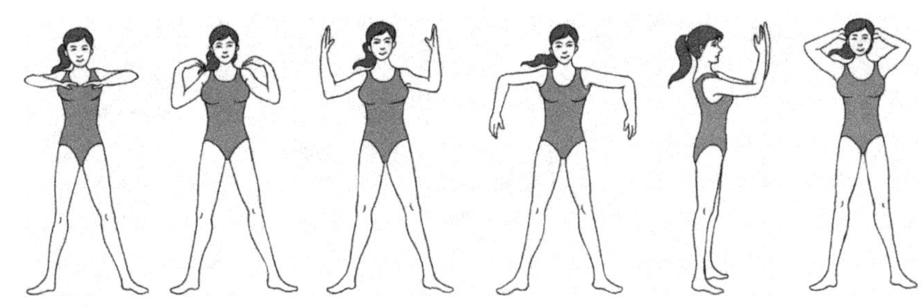

图 8-9

(3)绕、绕环:两臂或单臂以肩为轴做弧线运动。动作变化有两臂或单臂向内、外、前、后绕或环绕(见图 8-10)。

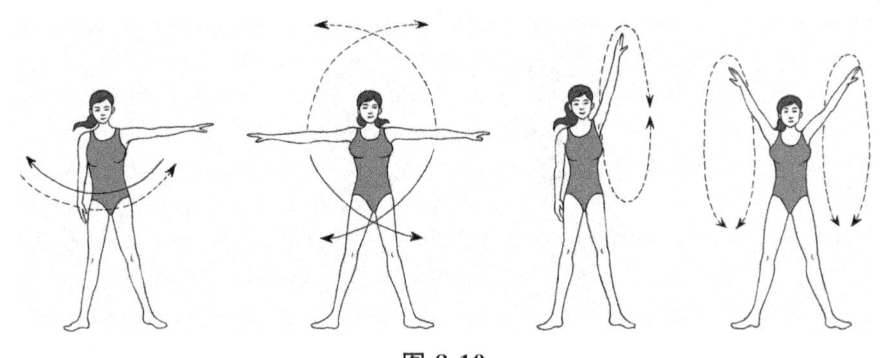

图 8-10

5.躯干动作

(1)胸部动作

移胸:髋部位置固定,腰腹随胸部左右移动。动作变化有左右移胸。

含胸、挺胸:含胸时低头收腹,收肩,形成背弓,呼气;挺胸时,抬头挺胸,展肩,吸气(见图 8-11)。动作变化有手臂胸前平屈含胸,手臂侧平举展胸。

(2)腰部动作

屈:腰部向前或向侧做拉伸运动。动作变化有前屈、后屈、侧屈(见图 8-12)。

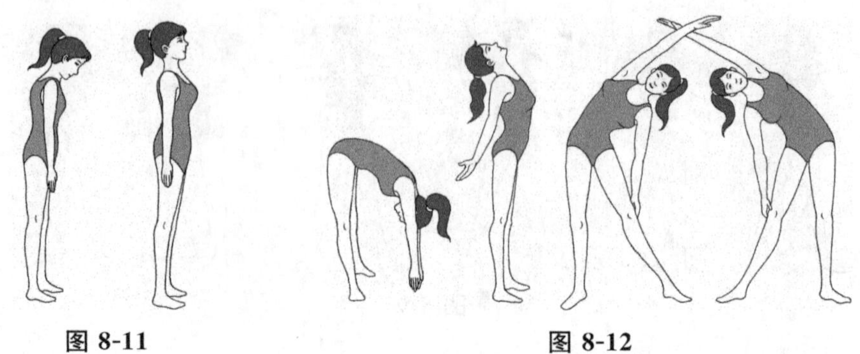

图 8-11　　　　图 8-12

转:腰部带动身体沿垂直轴左右转动。动作变化有迈步移动重心与转腰运动结合(见图 8-13)。

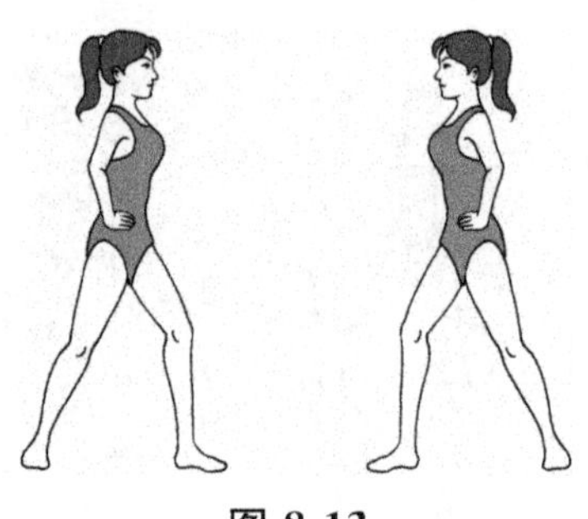

图 8-13

绕和环绕:腰部做弧线或圆周运动。动作变化有与手臂动作相结合进行腰部绕和环绕(见图 8-14)。

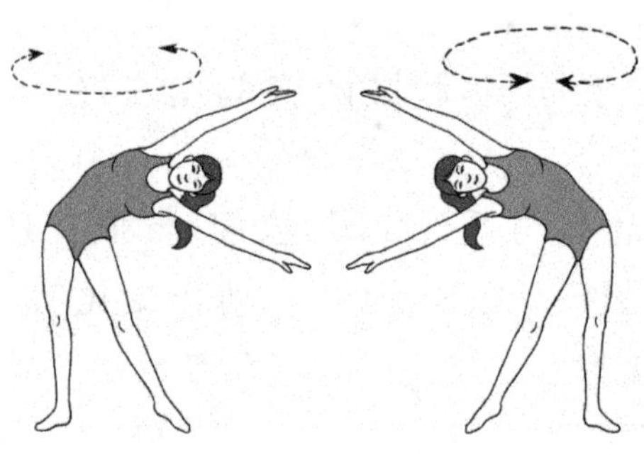

图 8-14

(3)髋部动作

顶髋：两腿开立，一腿伸直支撑、另一腿屈膝内扣，上体保持正直，用力将髋顶出。动作变化有双手叉腰顶髋，左顶、右顶、后顶、前顶(见图8-15)。

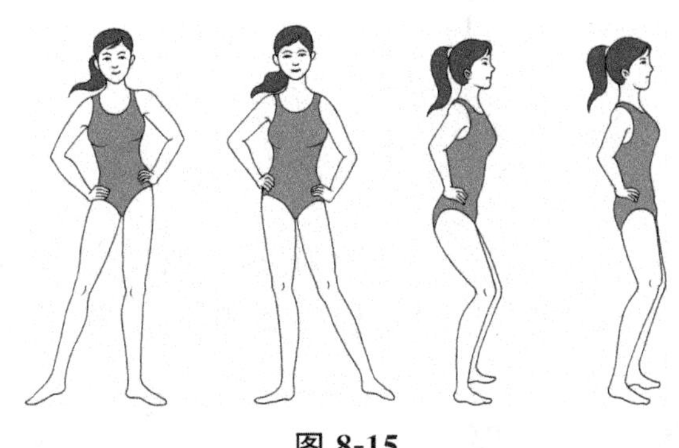

图 8-15

提髋：髋向上提。动作变化有左提、右提(见图8-16)。

绕和环绕：髋做弧线或圆周运动。动作变化有左、右方向进行绕和环绕动作(见图8-17)。

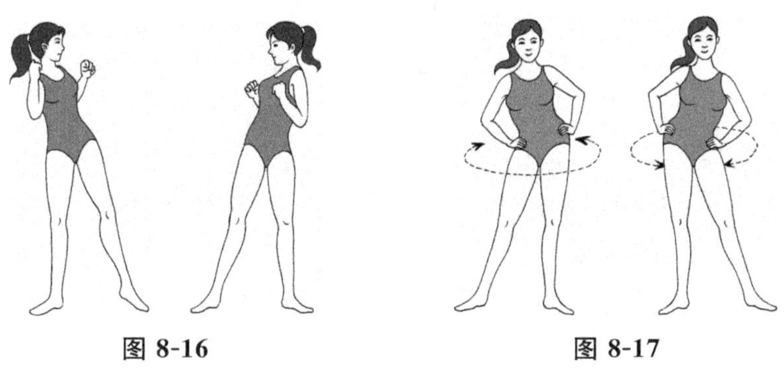

图 8-16　　　　图 8-17

6. 下肢动作

(1)立

直立、开立：身体直立，再双腿打开，做开立动作(见图8-18)。

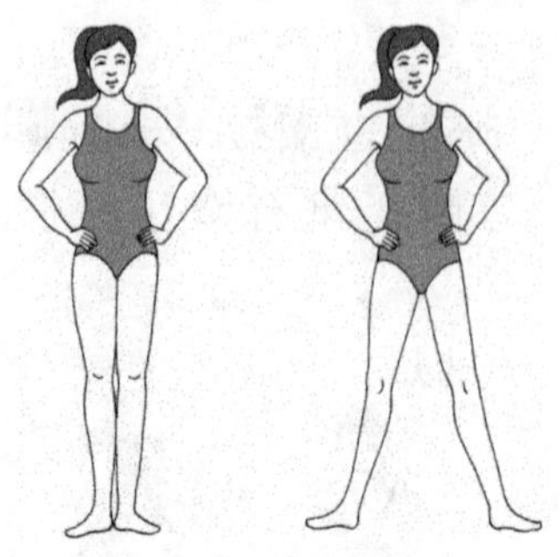

图 8-18

点立:先直立,再伸出一条腿做点立或双腿提起做提踵立。动作变化有侧点立、前点立、后点立、提踵立(见图 8-19)。

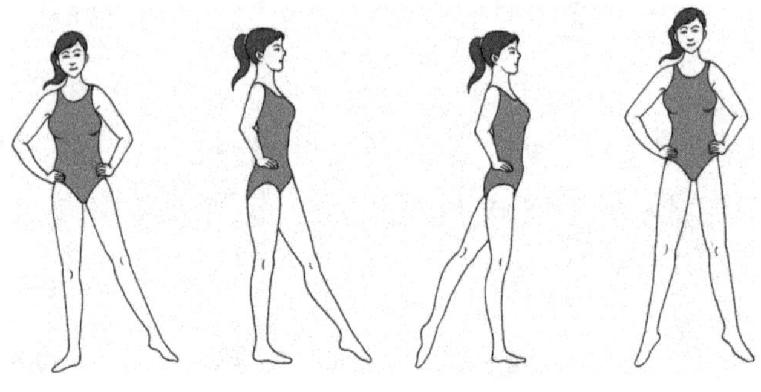

图 8-19

(2)弓步

直立后,大步迈出一腿,做屈动作。动作变化有前弓步、侧弓步、后弓步(见图 8-20)。

图 8-20

(3)踢

双腿交换做踢腿动作。动作变化有前踢、侧踢、后踢(见图 8-21)。

图 8-21

(4)弹

双腿进行弹动动作。动作变化有正弹腿、侧弹腿(见图 8-22)。

图 8-22

(5)跳

做各种姿势进行腿部练习。动作变化有并腿跳、开并腿跳、踢腿跳(见图 8-23)。

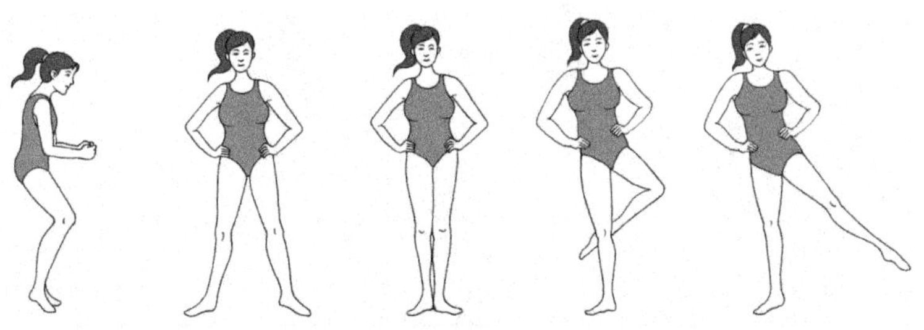

图 8-23

（二）健身操的组合健身动作

1. 髋部动作组合

预备姿势：开立，两手叉腰。
1～4 拍保持预备姿势。
5 拍左腿屈膝内扣，同时向右顶髋。
6 拍右腿屈膝内扣，同时向左顶髋。
7、8 拍和 5、6 拍相同（见图 8-24）。

图 8-24

第一个 8 拍：
1 拍左腿屈膝内扣，同时向右顶髋，两臂胸前平屈。
2 拍右腿屈膝内扣，同时向左顶髋，两臂下伸。
3、4 拍同 1、2 拍（见图 8-25）。

图 8-25

5 拍腿和髋同 1 拍，同时两臂经侧至头上交叉 1 次后成上举，抬头。

6 拍腿和髋同 2 拍，同时两臂头上交叉 1 次后成上举。

7 拍腿和髋同 1 拍，同时两臂肩侧屈，头向右转。

8 拍腿和髋同 2 拍，同时两臂还原至体侧，头还原（见图 8-26）。

图 8-26

第二个 8 拍：

1 拍腿和髋同第一个 8 拍的 1 拍，同时左臂胸前屈。

2 拍腿和髋同第一个 8 拍的 2 拍，同时右臂胸前屈。

3 拍腿和髋同 1 拍，同时左臂前伸。

4 拍腿和髋同 2 拍，同时右臂前伸（见图 8-27）。

图 8-27

5、6 拍自左脚起踏步走 2 步，同时两手胸前击掌 2 次。
7 拍双脚起跳成开立，同时两手叉腰。
8 拍不动(见图 8-28)。

图 8-28

2.跳步动作组合

预备姿势：开立，两手叉腰。
第一个 8 拍：
1、2 拍不动。
3、4 拍两脚弹动 2 次(见图 8-29)。

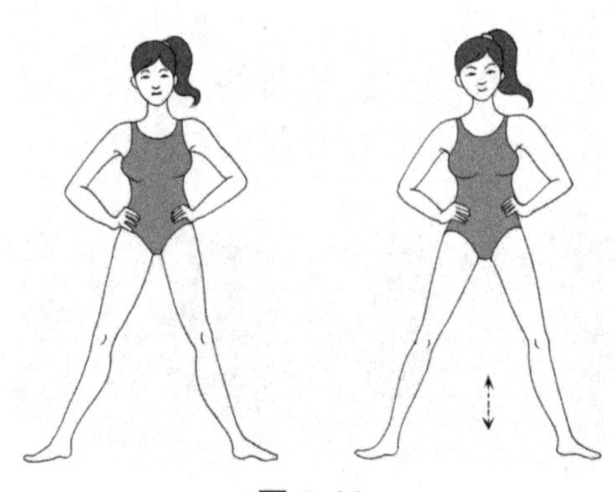

图 8-29

5、6 拍跳成并立，同时两脚弹动 2 次。
7 拍跳成开立。
8 拍跳成并立，同时两臂落至体侧(见图 8-30)。

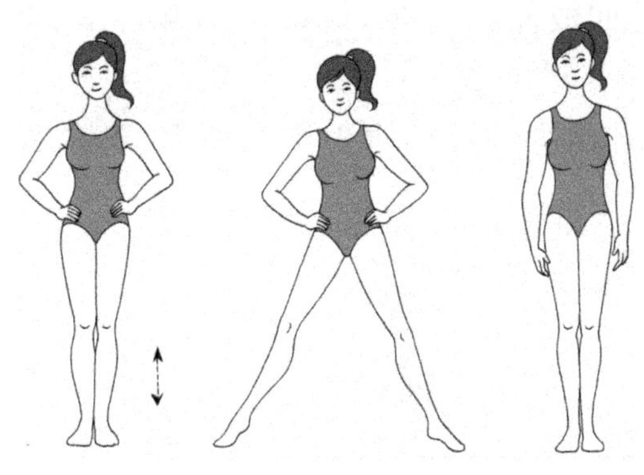

图 8-30

第二个 8 拍：

1 拍右腿后踢跑，同时两臂胸前屈。

2 拍左腿后踢跑，同时两手胸前击掌。

3 拍右腿后踢跑，同时两臂肩侧上屈。

4 拍并腿，手同 2 拍（见图 8-31）。

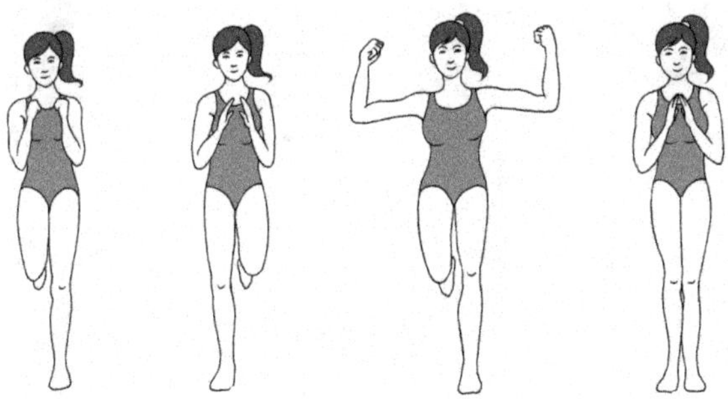

图 8-31

5 拍双脚向右蹬跳成右侧弓步，同时左臂侧举，右臂胸前平屈，头稍左转。

6 拍还原成并立，同时两手胸前击掌。

7、8 拍同 5、6 拍，方向相反，但 8 拍两臂还原至体侧（见图 8-32）。

第三个 8 拍：

1 拍左脚向侧一步，同时左臂上举，右臂前举，目视前方。

2 拍提右膝同时向右转体 90°，右臂胸前上屈，左臂胸前平屈。

3 拍右腿后伸成左前弓步，同时左臂侧举，右臂肩侧上屈，头向左转。

4 拍右腿还原跳成并立，同时两臂还原至体侧，头还原（见图 8-33）。

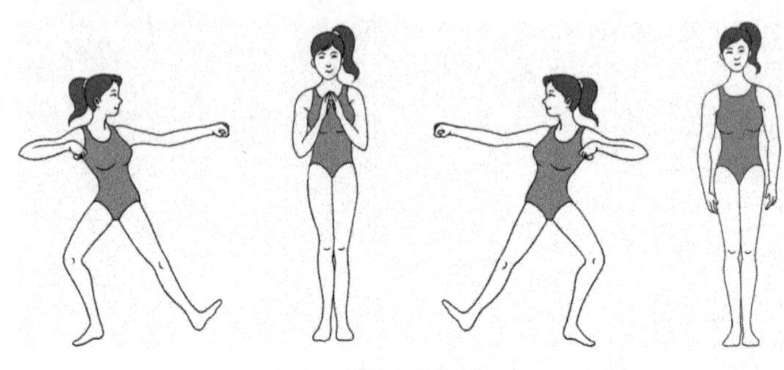

图 8-32

图 8-33

5 拍左腿提膝跳，同时两臂胸前平屈。

6 拍还原成并立，同时两臂还原至体侧。

7 拍右腿高踢跳。

8 拍右腿落下成并立（见图 8-34）。

第四个 8 拍：

1 拍右脚向侧一步，同时右臂上举，左臂前举，目视前方。

2 拍提左膝同时向左转体 90°，左臂胸前上屈，右臂胸前平屈。

3 拍左腿后伸成右前弓步，同时右臂侧举，左臂肩侧上屈，头向右转。

4 拍左腿还原跳成并立，同时两臂还原至体侧，头还原(见图 8-35)。

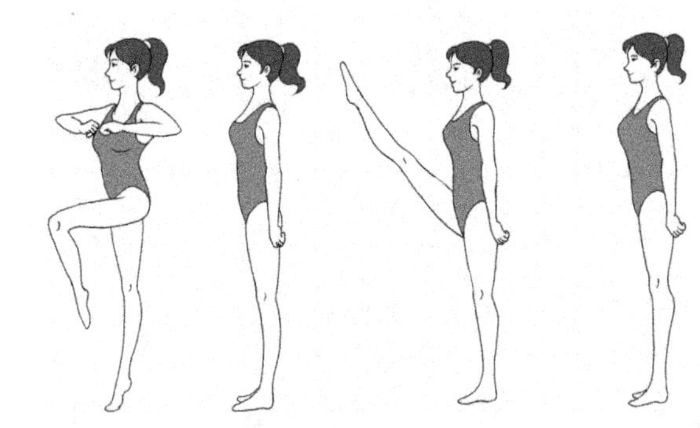

图 8-34

图 8-35

5 拍右腿提膝跳，同时两臂胸前平屈。

6 拍还原成并立，同时两臂还原至体侧。

7 拍左腿高踢跳。

8 拍左腿落下成并立(见图 8-36)。

第五个 8 拍：

1 拍跳成开立，同时左臂侧举，头向左转。

2 拍跳成并立，同时左臂肩侧上屈，头还原。

3 拍跳成开立，同时右臂侧举，头向右转。

4 拍跳成并立，同时右臂肩侧上屈，头还原(见图 8-37)。

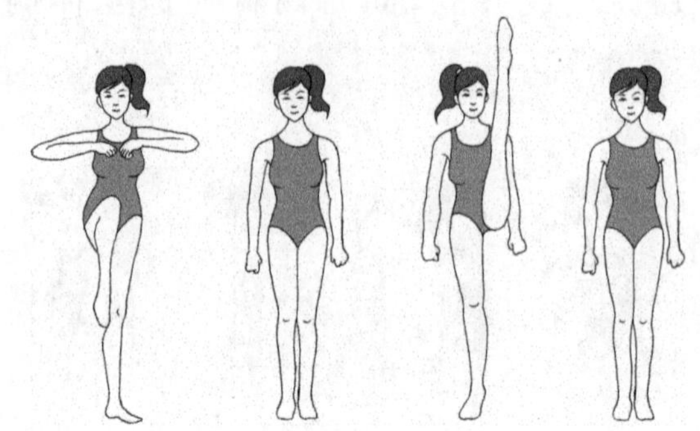

图 8-36

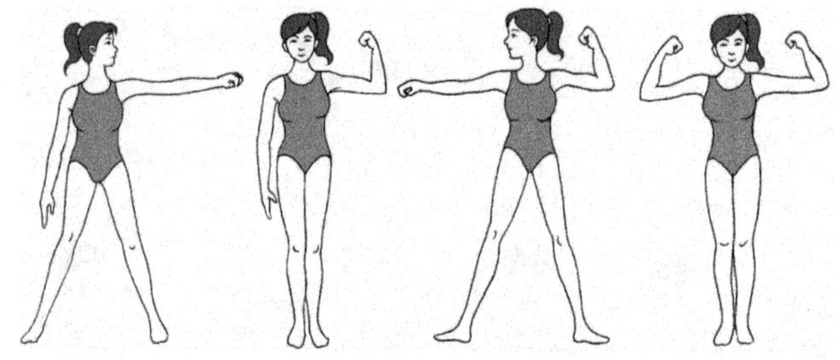

图 8-37

5 拍跳成开立，同时两臂胸前屈。

6 拍跳成并立，同时两臂胸前平屈。

7 拍跳成开立，同时两臂上举。

8 拍跳成并立，同时两臂还原至体侧(见图 8-38)。

图 8-38

第六个 8 拍：

1～4 拍跑跳步向左转体 360°，同时两臂体侧屈自然摆动。

5、6 拍原地踏步走，同时两手胸前击掌 2 次。

7、8 拍跳成开立，两臂向外绕至肩上屈，两手扶头后，挺胸立腰，目视前方（见图 8-39）。

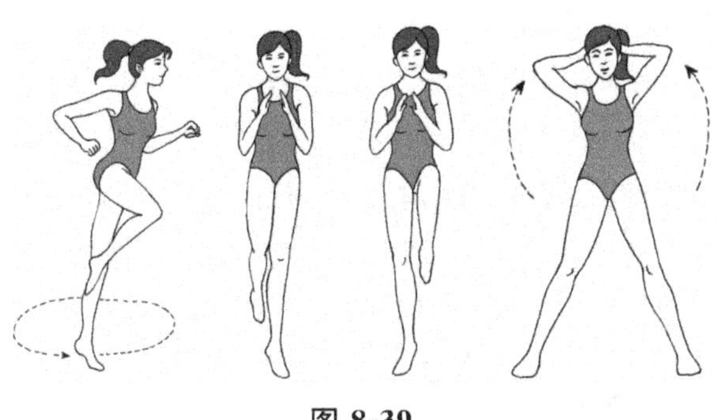

图 8-39

第二节　体育舞蹈开展与健身方法指导

一、体育舞蹈在我国的开展情况

（一）发展滞后且平衡性较差

当前，体育舞蹈已经在国内得到了较好的发展，并且取得了较为理想的成绩，尤其是恰恰等体育舞蹈，水平已经达到国际标准。但是同时也不能忽视其与体育舞蹈发展较好的国家之间的差距。从一开始，我国的体育舞蹈水平就较为落后，在经过这些年的不断发展后，我国的体育舞蹈得到了进一步的开展，从国内来看，东南部沿海地区发展速度较快，专业水平也相对较高，而北方和西部地区，则表现为水平较低，由此可以看出，体育舞蹈在我国的发展是较为滞后的，且地域发展的平衡性较为突出。

(二)项目投入力度有待提高

从当前国内或国外的大型运动比赛上看,体育舞蹈还没有被纳入到竞技比赛中,其往往是作为表演项目出现在活动的开始或者结束,因此,体育舞蹈方面的资金投入就会较其他项目少很多,长此以往,就导致在发展过程中,会出现完善的训练基地较为欠缺,没有围绕其制订具体的培训计划。除此之外,体育舞蹈自身对基础设施如服饰、照明、音响以及场地等有着较好的要求,否则无法将明显的“贵族”运动特征体现出来,这些都在一定程度上对体育舞蹈的开展及进一步的发展产生了制约甚至阻碍作用。

(三)体制改革有待改善

由于长期受计划经济体制的影响,我国体育舞蹈在发展中仍表现出明显的计划管理模式特征,而这与体育舞蹈实际体现的活跃性、开发性等特征是相背离的,这就在一定程度上制约了体育舞蹈的发展。与此同时,体育舞蹈发展中较大的宣传工作也较为欠缺,这也成为制约体育舞蹈发展的重要因素之一。

(四)相关科研理论较为缺失

我国社会中大多群众性的体育舞蹈存在的性质往往以业余娱乐性质为主,体育舞蹈的参与者往往是处于兴趣爱好才进行训练的,专业的机构非常少,这些因素都导致专业性较强的体育舞蹈教练或者运动员数量很少。再加上体育舞蹈作为集生理学、运动学、心理学、美学等较多学科理论于一体的综合艺术,将较多的舞蹈文化精髓囊括其中,而其在我国发展中,理论缺失的现状却较为显著,大多关于体育舞蹈的科研理论仍保持在初级层面,无法为体育活动的开展提供科学指导,这也在一定程度上阻碍了体育舞蹈的进一步发展。

二、拉丁舞健身方法指导

（一）桑巴舞健身

1.左进基本步

节奏是1、a、2、a、1、a、2。

男士：左脚前进，膝稍弯，手臂的高度与眼睛平；女士：右脚后退，膝稍弯。

男士：右脚掌并左脚，膝稍伸直；女士：左脚掌并右脚，膝稍伸直。

男士：重心移至左脚，膝稍弯；女士：重心移至右脚，膝稍弯。

男士：重心仍在左脚，膝稍直；女士：重心仍在右脚，膝稍直。

男士：右脚后退，膝稍弯；女士：左脚前进，膝稍弯。

男士：左脚掌并右脚，膝稍弯；女士：右脚掌并左脚，膝稍弯。

男士：重心移至右脚，膝稍弯；女士：重心移至左脚，膝稍弯。

2.右进基本步

节奏是1、a、2、1、a、2。

男士：左脚后退，膝稍弯（闭式舞次开始）；女士：右脚前进，膝稍弯。

男士：右脚掌并左脚，膝稍伸直；女士：右脚前进，膝稍伸直。

男士：重心移至左脚；女士：重心移至右脚。

男士：右脚前进，膝稍弯；女士：左脚前进，膝稍弯。

男士：左脚掌并右脚，膝稍直；女士：右脚掌开左脚，膝稍直。

男士：重心移至右脚，膝稍弯；女士：重心移至左脚，膝稍直。

3.叉形步

节奏是1、a、2、1、a、2。

男士:左脚横步;女士:右脚横步。

男士:右脚尖点踏在左脚跟后交叉点;女士:左脚尖点踏在右脚跟后交叉点。

男士:重心移至左脚,膝稍弯;女士:重心移至右脚,膝稍弯。

男士:右脚横步;女士:左脚横步。

男士:左脚尖点踏在右脚跟后交叉点;女士:右脚尖点踏在左脚跟后交叉点。

男士:重心移回右脚;女士:重心移回左脚。

4.P.P.舞姿的桑巴走步

节奏是1、a、2、1、a、2。

男士:右脚前进(脚掌平进);女士:左脚前进(脚掌平进)。

男士:左脚脚尖向后退,左腿伸直后撑;女士:右脚脚尖向后退,右脚伸直后撑。

男士:右脚向后拖退一小步;女士:左脚向后拖退一小步。

男士:左脚前进;女士:右脚前进(脚掌平进)。

男士:右脚脚尖向后退,右脚伸直后撑;女士:左脚脚尖向后退,左脚伸直后撑。

男士:左脚稍向后拖一小步;女士:右脚稍向后拖一小步。

5.左转

节奏是1、a、2、1、a、2。

男士:左脚前进,稍左转;女士:右脚后退,稍左转。

男士:右脚横步稍后,左转;女士:左脚横步稍后,左转。

男士:左脚交叉前进在右脚前,左转;女士:右脚并左脚(三步共转3/8周)。

男士:右脚横步斜后,左转;女士:左脚前进,左转。

男士:左脚小横步,左转;女士:左脚前进,左转。

男士:右脚并左脚,左转;女士:左脚在右脚交叉,左转(再转3/8周,六步共转6/8周)。

6. 桑巴的旁步

节奏是 1、a、2。

男士：右脚前进，这一步可从 P. P. 位开始；女士：左脚前进。

男士：左脚向旁横步，重心移一半，右转 1/4 周；女士：右脚向旁横步，重心移一半，左转 1/4 周。

男士：右脚向左拖退一小步；女士：左脚向右拖退一小步。

7. 影子位点滑步

节奏是 1、a、1、a、2。

男士：左脚前进，左转准备；女士：右脚前进，右转准备。

男士：右脚向旁横步，重心移一半，向左转；女士：左脚向旁横步，重心移一半，向右转。

男士：右脚前进，右转准备；女士：左脚前进，左转准备，此时舞伴正处于交叠姿态。

男士：左脚向旁横步，重心移一半右转；女士：右脚向旁横步，重心移一半左转。

男士：重心移至右脚，1～3 步共转 1/4 周；女士：重心移至左脚，1～3 步共转 1/4 周。

（二）斗牛舞健身

1. 基本动作

站闭式舞姿。

(1)男士：右脚前进；女士：左脚后退。

(2)男士：左脚前进；女士：右脚后退。

以上动作反复做，共跳八步形成向左行进的弧线。

2. 原地踏步

从闭式舞姿开始。

(1)男士:右脚掌原地踏下;女士:左脚掌原地踏下。

(2)男士:左脚掌原地踏下;女士:右脚掌原地踏下。

以上动作反复做,可连跳四步。

3. 左追步

左追步也称左并合步,是右追步的反向动作。准备时站立闭式舞姿,男士面对墙壁,女士背对墙壁。

(1)男士:右脚掌原地踏步;女士:左脚掌原地踏步。

(2)男士:左脚横步;女士:右脚横步。

(3)男士:右脚并左脚;女士:左脚并右脚。

(4)男士:左脚横步;女士:右脚横步。

4. 右追步

站立闭式舞姿,男士面对中央,女士背对中央。

(1)男士:右脚掌向右横步;女士:左脚掌向左横步。

(2)男士:左脚并右脚;女士:右脚并左脚。

第(3)(4)步反复第(1)(2)步的动作,一般连续跳四步即可。

5. 攻进步

站立闭式舞姿,男士面对中央,结束时男士背对舞程线。

(1)男士:右脚原地踩步;女士:左脚原地踩步。

(2)男士:左脚前进一大步,左手轻推女士,后半拍时左转 1/4 周;女士:右脚后退一大步,后半拍时左转 1/4 周。

(3)男士:右脚向旁大步滑出,屈膝成大弓步,左脚直腿旁伸,左臂向外划弧旁伸,与腰同高,身向左倾斜;女士:由男士带领做相反的动作。

(4)男士:左脚收回并步;女士:右脚收回并步。

6. 西班牙舞姿

以 P. P. 舞姿为准备动作。

(1)男士:右脚 P.P. 前进;女士:左脚 P.P. 前进。

(2)男士:左脚横步右转 1/4 周;女士:右脚横步左转 1/4 周。

(3)男士:右脚后退,脚尖向外,右转 1/4 周;女士:左脚后退,脚尖向外,左转 1/4 周。

(4)男士:左脚弯膝,脚尖外开,点踏在右脚的右斜前方,右腿直膝原地不动;女士:右脚弯膝,脚尖外开,点踏在左脚的左斜前方,左脚直膝原地不动。

(5)男士:左脚在开式 C.P.P. 位上前进;女士:右脚在开式 C.P.P. 位上前进。

(6)男士:右脚横步,同时左转 3/8 周;女士:左脚横步,同时右转 3/8 周。

(7)男士:左脚后退,脚尖向外,左转 1/4 周;女士:右脚后退,脚尖向外,右转 1/4 周。

(8)男士:右脚弯膝,脚尖外开,点踏在左脚左斜前,左腿直膝原地不动;女士:左脚弯膝,脚尖外开,点踏在右脚右斜前,右腿直膝原地不动。

7. 行进旋转步(在 P.P. 舞姿)

站立闭式舞姿,男士面对墙壁。

(1)男士:右脚原地踩步;女士:左脚原地踩步。

(2)男士:左脚向旁迈步,左转 1/8 周,成 P.P.;女士:右脚向旁迈步,右转 1/8 周,成 P.P。

(3)男士:右脚 P.P. 前进;女士:左脚踏在右脚前,以左脚掌为轴向右旋转一周,转完后右脚无重心,停在左脚前。

(4)男士:左脚 P.P. 前进;女士:右脚 P.P. 前进。

(5)男士:右脚 P.P. 前进;女士:左脚动作同第(3)步。

(6)男士:左脚 P.P. 前进;女士:右脚 P.P. 前进。

(7)男士:右脚 P.P. 前进;女士:左脚动作同第(3)步。

(8)男士:左脚 P.P. 前进;女士:右脚 P.P. 前进。

三、标准舞健身方法指导

(一)华尔兹健身

1.右脚并换步

右脚并换步1小节3步。右脚并步(指男士而言)。

男士:右脚前进;女士:左脚后退。

男士:左脚横移并稍向前;女士:右脚横移并稍后退。

男士:右脚并左脚;女士:左脚并右脚。

2.右转步

右转步2小节6步。

男士:右脚前进,低位运行开始右转;女士:左脚后退,低位运行开始右转。

男士:左脚横移,右转1/4;女士:右脚横移,右转3/8。

男士:右脚并步,同时右转1/8;女士:左脚并步,完成转动。

男士:左脚后退,继续右转;女士:右脚前进,继续右转。

男士:右脚横移,右转3/8;女士:左脚横移,右转1/4。

男士:左脚并步,完成转动;女士:右脚并步,同时右转1/8。

3.左转步

左转步2小节6步。

男士:左脚前进,低位运行开始左转;女士:右脚后退,低位运行开始左转。

男士:右脚横移,左转1/4;女士:左脚横移,左转3/8。

男士:左脚并步,同时左转1/8;女士:右脚并步,完成转动。

男士:右脚后退,继续左转;女士:左脚前进,继续左转。

男士:左脚横移,左转3/8;女士:右脚横移,左转1/4。

男士：右脚并步，完成转动；女士：左脚并步，同时左转 1/8。

4. 叉形步

叉形步 1 小节 3 步，男士不转体，女士 1/4 向右转体形成侧行位置开始舞姿。

男士：左脚前进，低位运行；女士：右脚后退，低位运行开始左转。

男士：右脚横移，到位后重心完全升起；女士：左脚横移，右转 1/4。

男士：高位运行，左脚交叉于右脚后；女士：右脚在侧行位置交叉于左脚后，身体完成转动。

5. 侧行追步

侧行追步 1 小节 4 步，男士不转体，女士 1/4 左转。

男士：右脚沿着舞程线方向前进；女士：左脚沿着舞程线方向前进。

男士：左脚沿着舞程线方向横移并稍前进；女士：右脚在身体左转中沿着舞程线方向横移，左转 1/8。

男士：右脚沿着舞程线方向重力拖步横移并步；女士：左脚在身体左转中沿着舞程线方向重力拖步横移并步，左转 1/4。

男士：左脚横移；女士：右脚横移。

6. 扫步

男士：左脚前进，着地时先脚跟后脚掌（跟掌）；女士：右脚后退，着地时先脚掌后脚跟（掌跟）。

男士：右脚横步稍前，着地时用脚掌（全掌）；女士：左脚斜后退，着地时用脚掌。

男士：左脚在右脚后交叉，着地时先脚掌后脚跟，结束时成开式舞姿；女士：右脚应在左脚后交叉，着地时先脚跟后脚掌，结束时成开式舞姿。

7. 右旋转步

右旋转步有六步，节奏为1、2、3、1、2、3。

男士：右脚前进开始右转；女士：左脚后退开始右转。

男士：左脚经过右脚横步1～2转1/4周；女士：右脚经左脚横步1～2转3/8周，身体稍微转。

男士：右脚并于左脚2～3转1/8周；女士：左脚并于右脚，身体完成稍微转。

男士：左脚后退左脚保持在反身动作位置中（轴转）右转1/2周过渡到跟，掌转；女士：右脚前进（轴转）右转1/2周，跟脚。

男士：右脚要前进继续右转跟掌；女士：左脚后退，并向左侧继续右转跟掌。

男士：左脚横步稍微后5～6转3/8周，掌跟；女士：右脚经过左脚斜进5～6转3/8周，掌跟。

8. 迂回步

迂回步有六步，节奏为1、2、3、1、2、3。

男士：右脚前进并交叉于反身动作及侧行位置，着地时要先脚跟后脚掌；女士：左脚前进并交叉于反身动作及侧行位置开始左转，着地时要先脚跟后脚掌。

男士：左脚经右脚横步稍前左转1/8周，着地时用脚掌；女士：右脚经左脚横步稍微前1～2转3/8周，着地时要用脚掌。

男士：右脚横步，着地时要先脚掌后脚跟；女士：左脚横步，着地时先脚掌后脚跟。

男士：左脚沿后肩后退左转1/8周，着地时要先脚掌后脚跟；女士：右脚外侧前进3～4转1/8周，着地时先脚跟后脚掌。

男士：右脚横步稍微后左转1/2周，着地时用脚掌；女士：左脚横步稍前左转1/4周，着地时要用脚掌。

男士：左脚横步成开式舞姿，着地时要先脚掌后脚跟；女士：右脚经左脚横步成开式舞姿，着地时用脚掌。

（二）探戈舞健身

1.二常步

二常步有两步，节奏为S、S。

男士：左脚前进，跟掌；女士：右脚后退，掌跟。

男士：右脚前进，右肩引导，跟掌，左转1/8周；女士：左脚后退，右肩引导，掌跟，左转1/8周。

2.四快步

四快步有四步，节奏为Q、Q、Q、Q。

男士：左脚前进，跟掌；女士：右脚后退，掌跟。

男士：右脚横步稍后，掌跟，1～2左转1/8周；女士：左脚横步稍前，全脚，1～2左转1/8周。

男士：左脚后退，掌跟；女士：右脚外侧前进，跟掌。

男士：右脚后退并于左脚，全脚，3～4右转1/8周；女士：左脚前进并于右脚，重心在左脚，全脚，3～4之间右转1/8周。

3.行进旁步

行进旁步有三步，节奏为Q、Q、S。

男士：左脚前进，跟掌；女士：右脚后退，掌跟。

男士：右脚横步，右肩引导，跟掌；女士：左脚后退，右肩引导，掌跟。

男士：左脚前进，跟掌；女士：右脚后退，掌跟。

4.侧行右转

侧行右转有四步，节奏为S、Q、Q、S。

男士：左脚横步侧行，跟掌；女士：右脚在侧行位置下横步，跟掌。

男士：右脚在侧行位置及反身位置交叉前进，跟掌；女士：左脚在侧行位置及反身位置下交叉前进，跟掌。

男士：左脚横步稍前，掌跟，右转3/8周；女士：右脚前进，跟掌，右转1/8周。

男士：右脚前进，跟掌，右转1/4周；女士：左脚横步，掌跟，右转1/4周。

5. 左足摇步

左足摇步有三步，节奏为Q、Q、S。

男士：重心转移左脚，掌跟；女士：重心转移右脚，跟掌。

男士：重心转移右脚，跟掌；女士：重心转移左脚，掌跟。

男士：左脚后退，掌跟；女士：右脚前进，跟掌。

6. 右摇转步

右摇转步有三步，节奏为Q、Q、S。

男士：右脚前进，右肩引导，跟掌；女士：左脚后退，右肩引导，掌跟。

男士：左脚向侧并稍后，掌跟；女士：右脚前进，稍向右侧，跟掌。

男士：重心回立右脚，右肩引导，跟掌，1～3之间右转1/4周；女士：左脚后退，稍向右侧，左肩引导，掌跟，1～3之间右转1/4周。

7. 开式左转步

开式左转步有六步，节奏为Q、Q、S、Q、Q、S。

男士：左脚前进，跟掌转，左转1/8周；女士：右脚后退，掌跟转，左转1/8周。

男士：右脚横步，掌跟，左转1/8周；女士：左脚横步稍前，掌跟，左转1/8周。

男士：左脚后退，掌跟，左转1/8周；女士：右脚外侧前进，跟掌，左转1/8周。

男士：右脚后退，掌跟，左转1/8周；女士：左脚前进，跟掌，左转1/8周。

男士：左脚横步稍前，脚内侧，左转1/8周；女士：右脚横步稍后，脚内侧，左转1/8周。

男士：右脚并于左脚，全脚，左转1/8周；女士：左脚并于右脚，全脚，左转1/8周。

8. 并脚结束

并脚结束有三步，节奏为Q、Q、S。

男士：右脚后退，掌跟；女士：左脚前进，跟掌。

男士：左脚横步稍前，脚内侧过渡到全脚，左转1/4周；女士：右脚横步稍后，脚内侧，左转4周。

男士：右脚并于左脚，跟掌；女士：左脚并于右脚，全脚。

第三节　瑜伽开展与健身方法指导

一、瑜伽在我国的开展现状

（一）市场管理无序

近年来，尽管瑜伽得到了一定的发展，但是由于政府的相关机构和部门对瑜伽的关注程度较低，没有对其进行严格的监管，导致瑜伽运动在社会上以所谓的瑜伽“市场”为导向任由发展，从而导致瑜伽市场混乱不堪，诚信、规则更无从谈起。除此之外，由于引入速度过快或引入机制本身的问题，超出了瑜伽市场的消化能力，或从业者的知识背景较为缺乏，使得大部分瑜伽受众或瑜伽主流人群对瑜伽没有较为深入的了解和认识，这就导致瑜伽的传播和教学出现了一系列的问题，比如，功效不高、误导不断等。

尤其是前些年对瑜伽推广的粗线条或泥沙俱下，对瑜伽在中国的健康发展产生了负面的影响，同时，人们也对管理机构的信任和信心产生了一定的影响。瑜伽运动在中国一直处于无政府、无权威组织管理而无序发展，以及因无序发展而无政府、无权威机构管理的恶性循环的怪圈之中，有关政府部门要对此加以重视，从而改变这一不良的现状。

（二）师资培训的规范性欠缺

瑜伽市场有着非常大的潜力，对瑜伽教练的需求也非常大，由此催生出很多培训机构，导致培训市场呈现出较为混乱的局面。当前，年轻人尤其是“白领”阶层对身材非常重视，因此，瑜伽成为她们的主要选择对象，瑜伽市场的催热，就更加剧了对瑜伽教练的需求。由于投资背景的不同，瑜伽教练培训机构通常可以分为三种类型，即权威机构直营、私人机构自营和印度瑜伽学校委培。由于学员知识结构和运动背景的原因，以及“金钱”这一最终目标，导致大部分培训难以达成合格瑜伽教师的标准。由于我国没有权威的教练考核标准和执业认证机构，因此，往往花几千元就能够拿到一个所谓的证书，如“国际认证”的“高级瑜伽教练”等，便能够成为一名所谓的瑜伽教练员。如此，在瑜伽健身方面的效果就可想而知了。

（三）教学的层面较为浅显

当前，瑜伽受众的科学素养普遍较低。由于瑜伽教练大都是半路出家，通过速成培训而成为一名瑜伽教练，这就使得她们的教学往往是照猫画虎，并不能将瑜伽的精髓传授给瑜伽受众，比如，只讲动作而不讲呼吸。或者只能够讲授较为浅显的东西，对瑜伽的技能现象等深层次的知识知之甚少甚至不知，无法使瑜伽受众的求知欲得到较好的满足。由于瑜伽是个专业要求较高的运动，方法不对不仅起不到应有的健身作用，甚至还会对受众的身体造成一定的伤害。

(四)过分追求利益

由于瑜伽有着多种多样的练习方式,在收费方面也有着较大的差距,或有价格战的隐患。从目前的形势来看,瑜伽受众多以女性为主,练习瑜伽的方式主要有三种,即到专业瑜伽场馆练习瑜伽,参加健身俱乐部的瑜伽课程,购买瑜伽光盘、书籍等资料回家自行修习。在收费方面,有的一个月就一百多,有的几次就上千,没有统一的收费标准,较为混乱。另外,瑜伽已经成为健身机构的重要课程内容之一,但是,有很多机构在瑜伽课程上是单独收费的,并且价格非常高,可以说,瑜伽在一定程度上已经成为健身机构追求利益的重要手段。

二、瑜伽健身方法指导

(一)呼吸法

1.胸式呼吸法

慢慢吸气时,把气体吸入胸部区域,胸骨、肋骨向外扩张,腹部应保持平坦。当你吸气量加深时,腹部应向内收紧。呼气时,缓慢地把肺内浊气排出体外,肋骨和胸部恢复原位。

2.腹式呼吸法

吸气时,用鼻子把新鲜的空气缓慢深长地吸入肺的底部,随着吸气量的加深,胸部和腹部之间的横膈膜向下降,腹内脏器官下移,小腹就会像气球一样慢慢鼓起;呼气时,腹部向内、朝脊椎方向收紧,横膈膜自然而然地升起,把肺内的浊气完全排出体外,内脏器官恢复原位。

3.完全式呼吸法

瑜伽完全式呼吸法是把胸式呼吸和腹式呼吸结合在一起完

成的正确自然的呼吸。轻轻吸气时，首先把空气吸入到肺的底部，腹部区域胀起，然后是空气充满肺的中部、上部，这时，就是从腹式呼吸过渡到胸式呼吸。当你已经吸入到双肺的最大容量时，这时你会发觉腹壁和肋骨下部向外推出，胸部只有稍微移动。呼气，按相反的顺序，首先放松胸部，然后放松腹部，尽量把气吐尽，然后有意使腹肌向内收紧，并温和地收缩肺部。整个的呼吸是非常顺畅的动作，就像一个波浪轻轻从腹部波及胸膛中部再波及胸膛的上半部，然后减弱消失。

（二）冥想法

1.冥想坐姿

（1）简易坐。坐在地上，两腿向前伸直，弯起右小腿，把右脚放在左大腿之下，弯起左小腿，把左脚放在右大腿之下。把双手放在两膝之上，你的头、颈和躯干都应该保持在一条直线上，而毫无弯曲之处（见图 8-40）。

（2）金刚坐。双膝弯曲，臀部放在脚跟上，双脚踇趾相碰，被称为“坐法之王”，是静坐或不动之姿的意思。以不动的姿势，将臀部尽量往后挪的话，颈部的姿势就比较容易做得正确。

（3）雷电坐。两膝跪地，两小腿胫骨和两脚脚背平放地面，两脚靠拢。两个大脚趾互相交叉，使两脚跟向外指，伸直背部，将臀部放落在两脚内侧，在两个分离的脚跟之间。

（4）半莲花坐。坐下，两腿向前伸直，弯起右小腿并让右脚脚板底顶紧你的左小腿内测，弯起左小腿并把左脚放在你的右大腿上面。尽量使头、颈和躯干保持在一条直线上，以这个姿势坐着直至感到极不舒服，然后交换两腿的位置，继续再做下去（见图 8-41）。这个姿势为莲花坐打下基础。

（5）莲花坐。先做坐下的姿势，两腿向前面伸直，用双手抓着你的左脚，把它放在右大腿上面，脚跟放在肚脐区域下方，左脚板底朝天。用双手抓着你的右脚，把它扳过左小腿上方，放在左大腿之上。把右脚跟放在肚脐区域下方，右脚板底也朝天。脊柱要保持伸直，尝试努力保持两膝贴在地上，尽量长久地保持这个姿势，交换两腿位置，并重复这个练习（见图 8-42）。

图 8-40　　图 8-41　　图 8-42

2. 冥想手势

（1）双手合十手印。即阴阳平衡手印，放在胸前做成冥想的姿势，手掌之间要留下一些空间，意味着身体和心灵的合一、大自然和人类的合一。此手印可以增加人的专注能力。

（2）智慧手印。手掌向上，大拇指与食指相加，其他三指自然伸展。此手印代表把小宇宙能量和大宇宙的能量合一，即人与自然合一，可以让人很快进入平静的状态。

（3）生命手印。大拇指、小拇指、无名指相加，其他两指自然伸展，可增强人的活力。

（4）能量手印。无名指，中指和大拇指自然相加，其他手指自然伸展。此手印可以排出体内的毒素，消除泌尿系统的疾病，帮助肝脏完好；调节大脑平衡；让人更有耐心，充满自信。

（5）禅那手印。两手叠成碗状，将拇指尖相连。将完成姿势的手放在踝骨上。这是比较古典的手印，意味着空而充满力量的容器。女性右脚和右手在上，男性左脚和左手在上，可以平和、稳定精神。

（6）秦手印。也称下巴式。手势手掌向下，大拇指和食指指端轻贴一起，作用与智慧手印相同。

(三)基本体位

1. 身腿结合式

仰卧,抬高双腿,并保持膝盖伸直,当双腿已垂直于地面时呼气,抬起髋部和下背部,两腿伸展至头上方,并伸向头后。两腿弯曲,将大腿移向胸部,躯干便向后方移动,直到能够把膝盖都贴在地面上。也可以把双手顺势滑向背后抓住两脚脚踝,从而能够用手帮忙把膝盖抵紧双肩,然后两手臂抱住大腿,做缓慢而深长的呼吸(见图 8-43)。只要感到舒适,可以尽量长久地保持这个姿势。

2. 肩倒立式

这个姿势的梵文名字原意是"全身",因为它有益于整个机体。开始时仰卧,两臂向下按以求平稳,慢慢将腿抬离地面。当脊椎垂直于地面时,升起髋部,将腿部向头部后方送得更远,让两腿伸展在头部之上。接着用手托住腰部两侧,支撑起躯干。收紧下巴,让它顶住胸部。舒适地呼吸,保持这个姿势至少 1～3 分钟(见图 8-44)。

图 8-43

图 8-44

3. 脊柱扭动式

挺直身子坐着,两腿前伸,左小腿向内收,左脚底挨近右大腿内侧。将左臂举起,放在右膝外侧,伸直左臂抓住右脚。伸出右手,高与眼齐,双眼注视指尖。右臂保持伸直,慢慢转向右方,直至右手背放在左腰上。做深长而舒适的呼吸，保持 15～20 秒(见图 8-45)。用完全相反的顺序恢复原态，再做相反方向的练习。

4. 单腿交换伸展式

双腿向前伸直坐着，慢慢吸气，两手上升高过头部，两臂向前伸，身躯略向后靠。慢慢呼气，向前弯上身，两手尽量抓住左脚，将躯干拉近腿部，两肘向外弯曲。放松颈部，让头部下垂(见图 8-46)。保持这个姿势 10 秒钟或更长久之后，换左腿做同样的练习。

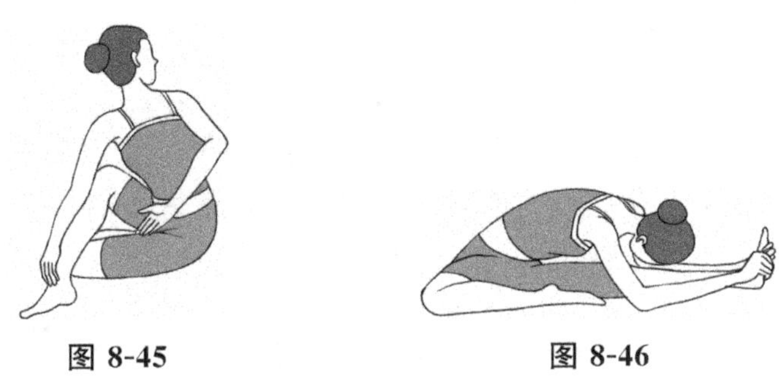

图 8-45　　图 8-46

5. 蛇击式

双手双膝着地，做动物爬行状，一边保持两手按住地面，一边把臀部放落在两脚跟上，并把头贴在地板上，做叩首式(见图 8-47)。保持胸膛高于地面，一边吸气并将胸膛向前移动，伸直双臂，放低腹部直到大腿接触地面，胸部向上挺起。背部呈凹拱形，眼睛向上注视，正常地呼吸(见图 8-48)。保持这个姿势 10～20 秒之后，再慢慢按反过来的程序做，恢复到叩首式。重复 10 次。

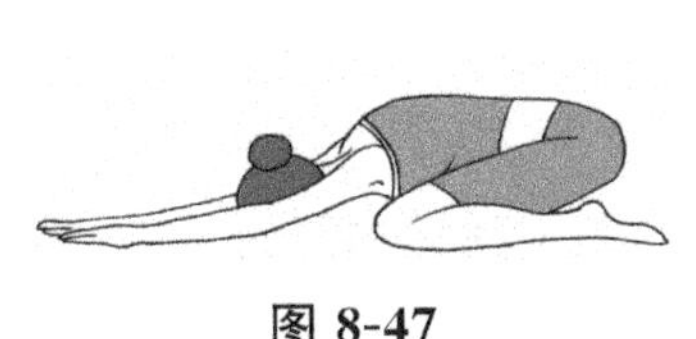

图 8-47

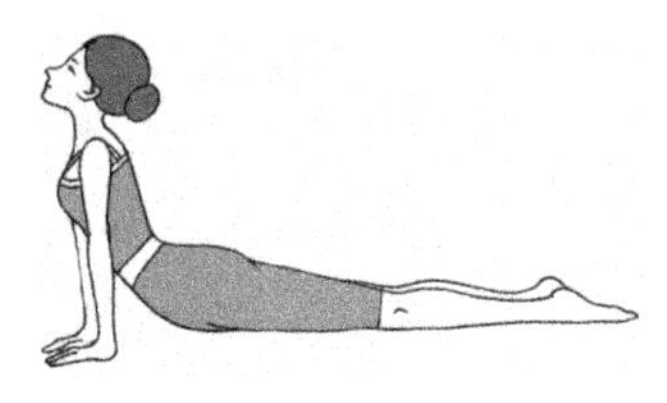

图 8-48

6. 侧三角式

保持两膝伸直，将右脚向右转 90°，呼气，双臂伸直，将上身躯干转向右方，让左手在右脚外缘碰触地板，右臂向上伸展，与左臂成一条直线。保持姿势，双眼注视右手指尖，伸展双臂及肩胛骨（见图 8-49）。恢复常态时吸气，先后缓慢将双手、躯干转至常态。交换方向做同样的练习，两侧的练习应保持相同的时间。

图 8-49

7. 鸽式

首先放松坐着，曲双膝，左膝向外，左脚板紧靠右大腿内侧。右脚板朝天，双手把住右脚踝，使右脚尽量靠近身体，保持上体直立（见图 8-50）。保持这个姿势尽量长久的时间之后，换反方向做同样的练习。

8. 骆驼式

两大腿与双脚略分开跪在地上，脚趾指向后方，吸气，两手放在髋部，将脊柱向后弯曲，然后在呼气的同时，把双掌放在脚底上，保持两大腿垂直于地面，头向后仰。一边保持这个姿势，一边将颈项向后方伸展，收缩臀部的肌肉，伸展下脊柱区域（见图 8-51）。保持 30 秒之后，两手放回髋部，慢慢恢复预备姿势。

图 8-50

图 8-51

9.战士第三式

两腿大分开，吸气，双掌合十，高举过头顶并尽力伸展，呼气，右脚与躯干向右旋转90°，左脚向右方略转动。曲右膝直到大腿与地面基本平行，左腿伸直，两眼注视合十的双掌，伸展脊柱(见图8-52)。接着呼气，将上身躯干向前倾，双臂保持伸直，手掌合十，一边伸直右腿，一边把左腿举离地面(见图8-53)。右腿完全伸直后，左腿举高至与地面平行，此时，双臂、上身和左腿应该形成一条与地面平行的直线，右腿应与这条直线成直角(见图8-54)。

图 8-52

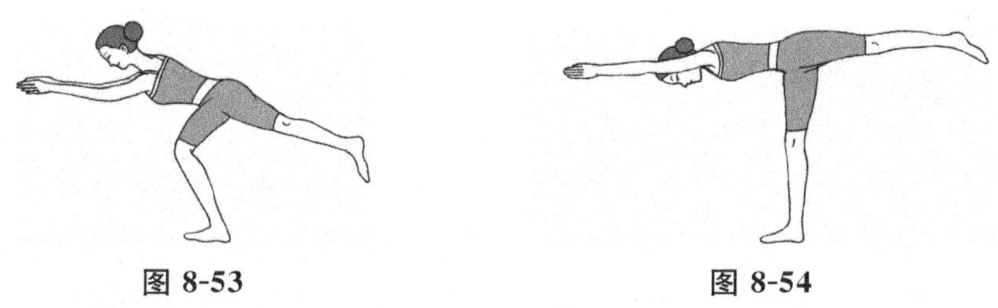

图 8-53　　图 8-54

保持这个姿势约20秒，然后呼气，回到第一个姿势上来。

第四节　广场舞开展与健身方法指导

一、广场舞在我国的开展现状

(一)广场舞在我国发展迅速

广场舞在我国之所以能够有较为迅速的发展，与其显著的特点有着密切的联系。首先，广场舞对场地要求非常简单，只要是较为平坦的空地即可，因此，公园、各种广场都成为广场舞的活动场地。其次，花费少，广场舞不需要较为专业的服装和设备，并且较为自由。再次，广场舞有着多种多样的形式，且动作简单易学，适合中老年人。最后，广场舞能够起到良好的健身作用，使中老年人的身体素质得到提升，常见疾病也得到了有效的治疗。

另外，通过对当前广场舞的调查和研究可以发现，广场舞已经不仅仅是中老年人的专属，越来越多的年轻人，甚至少年儿童都参与到广场舞中，这与全民健身的理念相适应。因此可以说，广场舞有着非常好的发展前景。

（二）广场舞开展过程中出现的问题

1. 舞蹈的创作发展有限

现在因为进行广场舞创作的人才特别少，这就导致广场舞的创作水平受到了很大的限制。除了少数的人是专门从事广场舞的创作之外，大部分广场舞的创作都是在扭秧歌或者简单的民族舞蹈的基础上增加或者减少一些动作，或者队形上的简单变化，再加上老年人基础差，柔韧性差、体形胖的实际情况，便制约了广场舞的发展。

2. 性别参与不平衡

纵观广场舞场地，舞池中跳舞的很少有男士的参与，广场舞女性统一天下的特性是全国广场舞场所的一个通病，究其原因，新中国的男士大多不善言辞，不喜在公共场所露面，骨子里认为跳舞是女人的运动，有的宁愿自己跑步也不愿加入跳舞的队伍。而女性则性格开朗，善于和别人交谈，喜欢群居的生活，并且勤快，容易坚持，从而形成了广场舞偏女性化的特征。

3. 缺乏科学的指导

广场舞的自由性使广场舞在时间上没有一个正确的规划，有的几个人一商量，便一拍即合决定在某个时间段来进行这项体育锻炼项目，从来没有去考虑时间是否恰当。早上广场舞一定要以太阳升起后，有阳光为佳，而晚上应该在晚饭后半个小时后进行，晚上九点之后最好不要运动。具体的时间还应该根据当天天气的变化而进行具体的调整。值得一提的是，老年人在跳舞时一定不能空腹，运动的时间也不宜太长。

二、广场舞健身方法指导

（一）站立

广场舞的站立动作方法为：头正直，两肩下沉，背部挺直，收腹立腰，臀部和两腿肌肉收紧，目视前方。

正确的站立姿势（下肢）：并立（正步）、自然立（小八字步）、开立（大八字步）、丁字步和点立等。

（1）并立（正步）：两脚并拢，脚尖向前。

（2）自然立（小八字步）：两脚跟相靠，两脚尖分开，间隔距离约 10 厘米，向斜前方成“八”字形。

（3）开立（大八字步）：两脚侧开，约同肩宽，脚尖各向斜前方。

（4）丁字步：一脚跟在另一脚弓处成“丁”字形。

（5）点立：一脚站立，另一脚向前（侧、后）伸出脚尖或脚跟点地。

（二）芭蕾手位

芭蕾舞手臂的基本要求：肩放松，肘、腕自然微屈，手臂呈弧形，手指并拢，自然伸长，拇指与中指稍向里合。

一位：两臂体前自然下垂，离开身体 5～10 厘米，两手相距 5～10 厘米，指尖相对，掌心稍向上方。

二位：保持一位不变状态，两手臂向前上方抬举至稍低于肩，掌心向内。

三位：身体保持二位手状态，两手臂向上抬至头顶前方，掌心向内下方，双眼平视。

四位：一只手臂保留在三位，另一只手臂从三位回至二位，即一臂上举，一臂前举。

五位：一只手臂保持在三位，另一只手臂从二位手臂向侧打开。即一臂上举，一臂侧举，掌心向前下方。

六位：在三位的手臂向下落到二位，在侧边的手臂保持不动。即一手臂前举，另一手臂侧举。

七位：在二位的手臂打开至侧旁，在侧边的手臂保持不动。即两臂侧举，掌心向前下方。

（三）基本步伐

(1)踏步(1 拍)。两腿原地依次抬起，依次落地。

(2)走步(1 拍)。迈步向前走或向后退。

(3)并步(2 拍)。一脚迈出，另一脚随之并拢屈膝点地。再向反方向迈步。

(4)移重心(2 拍)。一脚向前/侧迈一步，落地时两膝弯曲，随之身体重心移到另一腿上，两膝伸直，另一脚尖/跟点地。

(5)垫步(2 拍 3 个动作)。一脚向前/后/侧迈出，另一脚迅速跟上，接着前一脚再向前/后/侧迈出。

(6)曼波步(2 拍)。一脚向前迈出，屈膝，重心随之前移，另一脚稍抬起，然后原地落下；或者向后撤一步，重心后移，另一脚稍抬起，然后原地落下。

(7)交换步(2 拍 3 个动作)。一脚向前/后迈出，另一脚跟上交换重心，随之前脚再向后退一步，或前脚向前进一步。

(8)侧交叉步(4 拍)。一脚向侧迈一步，另一脚在其后交叉，随之再向侧迈一步，另一脚并拢，屈膝点地。

参考文献

[1]刘胜，张先松，贾鹏．健身原理与方法[M]．武汉：中国地质大学出版社，2010.

[2]孟宪君．大众流行健身项目理论与实践[M]．北京：高等教育出版社，2006.

[3]邓树勋，王健，乔德才．运动生理学[M]．北京：高等教育出版社，2005.

[4]徐翠丽．有氧健身操在全民健身活动中的开展现状与对策研究[J]．安阳工学院学报，2012，9(06).

[5]王丽花．有氧健身操在农村的开展现状及影响因素分析[J]．社会体育学，2015，5(19).

[6]邢金善，续俊，田颖．时尚健身理论与运动方法[M]．哈尔滨：东北林业大学出版社，2008.

[7]王莉．健美操运动健身与训练[M]．长春：吉林大学出版社，2014.

[8]金岳凤．近年来我国体育舞蹈开展现状的研究与分析[J]．体育大视野，2015.

[9]国家体育总局职业技能鉴定指导中心组．体育舞蹈[M]．北京：高等教育出版社，2014.

[10]张晓萍．体育舞蹈[M]．大连：大连理工大学出版社，2012.

[11]张瑞林，王浩，陈向阳．体育舞蹈[M]．2版．北京：高等教育出版社，2011.

[12]杨毛元，易雪虎，张建池．大众健身理论与实践研究

[M]. 长春:吉林大学出版社,2015.

[13]张彤,胡旭东,徐林江. 大众健身科学实践与发展研究[M]. 北京:中国原子能出版社,2015.

[14]高东方. 大众健身运动指南[M]. 沈阳:东北大学出版社,2014.

[15]田敬东,周海瑞. 大众健身运动[M]. 沈阳:白山出版社,2014.

[16]唐青. 我国极限运动的发展研究[J]. 文体用品与科技,2011(09).

[17]张宏卫. 从我国轮滑运动开展的现状谈其发展[J]. 当代体育科技,2016(22).

[18]熊巧. 飞镖运动在我国的普及与推广的策略[J]. 绿色科技,2016(09).

[19]王彦宾. 滑板运动:勇敢者的最爱[J]. 家长,2009(10).

[20]邓跃宁,许军. 休闲运动[M]. 成都:四川科学技术出版社,2011.

[21]佟强. 门球与台球运动技法指导[M]. 长春:吉林出版集团有限责任公司,2014.

[22]吴海宽,兴树森,崔大勇等. 校园体育:壁球・高尔夫球[M]. 长春:吉林出版集团有限责任公司,2011.

[23]尹斌. 飞镖[M]. 成都:成都时代出版社,2013.

[24]支二林,姜广义. 轮滑滑板[M]. 长春:吉林出版社集团有限责任公司,2011.

[25]崔东霞,王晏,崔伟. 田径与校园极限运动[M]. 北京:化学工业出版社,2012.

[26]范月梅,田振华. 瑜伽在我国开展的现状及其规范[J]. 福建体育科技,2011,30(04).

[27]陈旸. 社区体育服务[M]. 北京:北京师范大学出版社,2011.

[28]王凯珍,赵立. 社区体育[M]. 北京:高等教育出版

社,2008.

[29]李洪波.城市社区公共体育资源合理配置研究[M].济南:山东人民出版社,2015.

[30]王凯珍,李相如.社区体育指导[M].桂林:广西师范大学出版社,2005.

[31]蔡仲林,周之华.武术[M].北京:高等教育出版社,2010.

[32]曲小峰,罗平,白永恒.民族传统体育研究[M].北京:中国商务出版社,2007.

[33]宋雯.瑜伽教学与实践[M].北京:北京体育大学出版社,2011.

[34]范京广.时尚健身瑜伽[M].北京:北京体育大学出版社,2010.

[35]夏翔鹰,仇乃民,王欣.新农村广场舞运动开展现状与对策研究——以江苏部分农村为例[J].湖北体育科技,2014,33(11).

[36]陶宏军.我国广场舞的发展现状与对策研究[J].长春师范大学学报:自然科学版,2014,33(03).

[37]王加敏.我国体育舞蹈发展现状与对策的研究[J].社会体育学,2015,31(05).

[38]赵金林.浅谈我国广场舞发展的现状和瓶颈[J].科技资讯,2015,13(12).